# 아들아
# 머뭇거리기에는
# 인생이 너무 짧다

에센셜

강현구 지음

# 아들아 머뭇거리기에는 인생이 너무 짧다

에센셜

강헌구 지음

한언

모든 사람이 꿈을 꾼다
어떤 사람은 밤에, 어떤 사람은 낮에


눈을 감고 밤에 꿈을 꾸는 사람은
아침이 되면 개꿈이었다는 것을 알게 된다.


눈을 뜨고 낮에 꿈을 꾸는 사람은 이루어낸다.

**_데이비드 허버트 로렌스**

가정에서, 학교에서, 그리고 다양한 교육의 현장에서

청소년들에게 꿈을 심어주고 희망을 가꾸며

또한 회복케하는 일에 헌신하고 계신

대한민국의 모든 선생님들께

동역자로서의 우정과 존경의 마음을 전합니다.

# Check-in Your Dream, Every Day!

## 결심한 자에게 불가능이란 없다

호박벌은 정말로 열심히 사는 녀석입니다. 세상에 그 녀석만큼이나 일찍 일어나고 늦게 자는 친구는 찾아보기 어렵습니다. 꿀을 따 모으기 위해 일주일에 1,600킬로미터를 날아다닙니다.

그러나 호박벌은 사실상 날 수 없게 창조되었습니다. 몸은 너무 크고 뚱뚱한데 날개는 지나치게 작고 가볍습니다. 공기역학적인 면에서 날 기는커녕 공중에 떠있는 것 자체가 불가능합니다.

그런데 어떻게 그 엄청난 거리를 날 수 있을까요?
호박벌이 불가능을 가능으로 바꿔놓은 비결은 무엇일까요?

호박벌은 자신이 날 수 없게 창조되었다는 사실을 모릅니다. 또한 자신이 날 수 없는 이유에 대해서도 전혀 관심이 없습니다. 다만, 날기로 작정했을 뿐입니다. 그리고 아주 열심히 날아서 꿀을 따 모을 뿐입니다. 그러니 호박벌은 다음의 명제를 온몸으로 증명하고 있는 셈입니다.

"결심한 자에게 불가능이란 없다."

## 종이 위의 기적, 마법의 문장

제 동료의 아들 경민이는 호박벌을 연상케 합니다. 2009년 가을, 서울 강남의 B 중학교 2학년이던 경민이가 학교에서 돌아왔습니다.

"경민아, 너 학교에서 편지 왔더라."

"편지요? 내가 뭐 잘못한 것도 없는데 무슨 편지가 와요? 아빠, 혹시…?"

"그래, 왔다. 여기 있다. 그런데 너 성적이 좀 이상해졌더라."

"왜요? 어디 좀 봐요."

아빠로부터 성적표를 받아든 경민이의 입술이 파르르 떨렸습니다.

"어어? 정말이네…. 난 그냥 연습으로 한번 해본 건데, 진짜네, 진짜 3등이네? 4등도 아니고 2등도 아니고 딱 정확하게 3등이네? 어, 이게 어떻게 된 거지…? 그럼 어떡하지?"

"어떡하긴 뭘 어떡해, 우리 식구 모두 돈가스 먹으러 가야지, 오늘은 엄마가 한턱 쏜다! 얘, 누나야, 너도 같이 가자."

석 달 전, 여름방학 때 경민이는 아빠의 손에 이끌려 어떤 캠프에 참가하였습니다. 캠프에서는 "너의 꿈을 한 줄로 요약해서 하루에 열다섯 번씩 써라. 그러면 반드시 네가 원하는 것을 손에 넣을 수 있을 것이다"라는 요지의 강의와 함께 실습을 했습니다. 강사는 거기에 한마디를 더 보탰습니다. "혹시 내 말이 믿어지지 않으면 그냥 실험 삼아 한번 해보아라. 이게 바로 '마법의 문장'이다!"

경민이는 그날부터 실험을 시작했습니다. 큼직한 노트를 사다가

"나는 전교 3등을 한다."

"나는 키가 187센티미터이다."

"나는 하버드 대학교 학생이다."

라는 세 개의 문장을 하루에 각각 스무 번씩 쓰기 시작한 것입니다. 강사는 열다섯 번씩 쓰라고 했지만 경민이는 이왕 쓰는 거 스무 번씩 쓰면 효과가 더 확실하고 빠를 것이라고 생각했습니다. 경민이가 '마법의 문장'이라는 실험을 시작할 무렵, 그가 광주에서 서울로 전학 온 지 반년 정도 되었을 때였고, 성적은 상위권도 아니었습니다. 아무 생각 없이 그저 마음속의 희망사항을 써본 것입니다. 아빠는 이미 오래전부터 열심히 쓰는 중이었고 자신이 생각해보아도 강사의 말이 일리가 있다고 느꼈기 때문에 실험을 해본 것입니다.

처음 며칠은 그냥 무턱대고 쓰기만 했습니다. 그것을 이루기 위해 무엇을 어떻게 하겠다는 계획을 짜거나 누구에게 말을 하거나 물어보지 않았습니다. 다만 그렇게 되었으면 참 좋겠다는 생각을 많이 했을 뿐입니다.

실험이 시작된 지 2주가 지나 3주 째에 접어들면서부터 경민이의 눈

빛, 몸가짐, 말하는 태도, 그리고 행동거지가 조금씩 달라지기 시작했습니다. 뿐만 아니라 하루에 스무 번씩 쓰는 그 문장 하나하나가 점점 새롭게 다가오기 시작했습니다.

특히 "나는 전교 3등이다"라는 문장이 마음에 다가왔습니다. 쓰면 쓸수록 막연히 그냥 그렇게 되었으면 좋겠다는 생각에서 꼭 그렇게 하고 싶다는 열망이 되었다가, 반드시 그렇게 하고 말겠다는 결의가 되었습니다. 시간이 흐를수록 쓰는 시간이 기다려졌고, 쓰는 그 순간이 즐거움으로 가득해졌습니다. 그래서 더욱 쓰기에 집중했고, 집중을 하게 되니 수업시간에 어떻게 해야 될지를 스스로 알게 되었습니다. 수업을 더 잘 알아듣기 위해서 예습은 어떻게 해야 하고 복습은 어떻게 해야 할지에 대한 생각도 꼼꼼히 하게 되었습니다. 그렇게 3개월이 지나는 사이 어느덧 공부하는 자기 자신을 스스로 평가하며 조절하는 습관이 생긴 것입니다. 그러다 보니 '전교 3등', '키 187센티미터', 그리고 '하버드 대학 입학' 어느 것 하나도 놓칠 수가 없는 목표가 되었던 것입니다.

그날 경민이네 네 식구는 돈가스를 먹으러 갔습니다. 중위권이던 경민이의 성적이 단숨에 최상위권으로 뛰어올랐기 때문에, 함께 돈가스를 먹으면서 많은 대화가 이루어졌습니다. 경민이가 들뜬 목소리로 아빠에게 물었습니다. "아빠, 그런데 하버드 대학교는 어디 있는 거예요?"

아빠가 대답했습니다. "그건 미국에 있지."

경민이가 소리쳤습니다. "그럼 나 미국 갈래!"

우리의 꿈에 그만한 가치가 있다고 믿어진다면,
우리는 그 꿈만 쫓는 바보처럼 보여도 상관없습니다.
라이트 형제|Wright Brothers, 미국 비행기 발명가

플로렌스 풀러Florence Fuller, 〈떨어뜨릴 수 없는Inseparables〉, c.1900

그리고 1년 후 경민이는 혼자 미국 루이지애나 주로 떠났습니다. 자신이 뚱뚱한지 날개가 큰지 작은지 따지지 않고 호박벌처럼 날기로 작정한 것입니다. 일단 교환학생 프로그램으로 갔다가 그곳에서 고등학교를 졸업하고 지금은 미국 남부에 있는 루이지애나 주립대학(LSU) 화공학과 4학년에 재학 중입니다. 그날 경민이의 성적표를 보고 경민이 자신은 물론이고 온 가족이 놀라움을 금치 못한 것은 경민이가 시도했던 실험, '마법의 문장' 때문입니다.

여러분도 이미 짐작하였겠지만, 경민이가 중학교 2학년 때 아빠를 따라가서 강의를 들었던 날의 그 강사 바로 저입니다.

2박 3일 동안 진행된 여름방학 비전캠프에서 저는 "그냥 시험 삼아서라도 한번 써보아라"라는 대목을 강조했고, 경민이도 시험 삼아 시작한 것이 결국 호박벌처럼 날아오르는 결과를 가져온 것입니다.

## 미래를 현재로 잡아당기는 기술

제가 경민이를 비롯한 많은 사람들에게 그렇게 말할 수 있었던 것은 시사만화 작가 스콧 애덤스Scott Adams에 관한 스토리를 읽었기 때문입니다.

스콧 애덤스는 공장의 말단 사무원이었지만 그에게는 아주 특별한 습관이 하나 있었습니다. 아무 종이에다 대고 낙서를 하는 습관입니다. 그는 출근해서 퇴근할 때까지 어떻게든 짬을 내어 "나는 미국에서 가장 유명한 시사만화 작가가 되고야 말겠다"라는 문장을 무조건 하루에 열다섯 번씩 썼습니다. 그러면서 밤낮을 가리지 않고 시사만화를 그려 신문사들을 노크했습니다.

그러나 애덤스는 수도 없이 거절당하고 망신당하고 끌어냄을 당했습니다. 그래도 포기하지 않았습니다. 10년도 넘는 긴긴 세월에 걸쳐, 하루도 빼놓지 않고 그 문장을 계속 하루에 열다섯 번씩 썼습니다.

그는 결국 스스로 하루에 열다섯 번씩 썼던 그 글귀를 현실로 만들고야 말았습니다.

애덤스의 시사만화 〈딜버트Dilbert〉에 대한 신디케이트(syndicate) 계약서에, 즉 만화를 몇몇 신문사에만 공급하는 것이 아니라 아예 미국 신문협회의 공동구매조합에 만화를 보내면, 전국의 신문사들이 그 조합에서 만화를 배급받아 그날의 신문들에 싣도록 한다는 계약서에 서명을 한 것입니다. 그렇게 함으로써 그는 명실공히 '미국에서 가장 유명한 시사만화 작가'가 된 것입니다.

그러나 애덤스는 거기서 멈추지 않았습니다. 계약서에 서명을 한 그 다음 날부터 그는 예전의 글귀를 "나는 세계 최고의 시사만화 작가가 되겠다"로 바꾸었습니다. 그리고 그것 역시 하루에 열다섯 번씩 줄기차게 썼습니다.

지금 〈딜버트〉는 세계 전역의 2천 개 이상의 신문에 실리고 있으며,

애덤스의 홈페이지에는 하루 10만 명 이상이 접속하고 있습니다. 이제 지구촌 어디를 가도 그의 시사만화의 주인공인 딜버트 캐릭터로 장식되어있는 커피잔, 컴퓨터 마우스패드 그리고 탁상다이어리와 캘린더를 볼 수 있습니다.

저는 스콧 애덤스의 스토리를 읽으며 "그래, 바로 이거야, 이렇게 하는 거지!" 하면서 그날부터 "나는 지구촌에 1백 개의 비전스쿨을 세운다"라는 문장을 하루를 시작하기 전에 매일 쓰기 시작했습니다. 20년이 지난 지금도 아침에 하루를 시작하기 전에 매일 쓰고 있습니다. 때론 수첩에 쓰기도 하고 붓글씨로 쓰기도 하며 중국어, 영어로 써보기도 합니다. 그 문장을 쓰기 시작한 지 1년이 채 안되어서 수원비전스쿨, 서울비전스쿨이 설립되었고 연이어 (주)한국비전교육원이 설립되었으며,

| 스콧 애덤스의 시사만화 〈딜버트〉의 한 장면

국내외에 1백 개도 넘는 비전스쿨이 설립되었습니다. 뿐만 아니라 그런 경험을 토대로 《아들아, 머뭇거리기에는 인생이 너무 짧다》라는 시리즈 책을 써서 1백만도 넘는 독자를 만날 수 있게 되었고 지난 20년 동안 국내는 물론 해외에서까지 매년 200회도 넘는 강연 요청을 받아 유명 TV 특강에도 여러 차례 초대되기도 했습니다..

그래서 저는 그 문장을 '마법의 문장'이라고 부릅니다. 왜냐하면 그 문장이 꿈을 이루어주는, 목표를 달성케 하는, 원하는 것을 손에 넣게 하는 마술이기 때문입니다. 요즘은 "나는 2020년 백 명의 명품 강사를 양성한다"라고 쓰고 있습니다.

저는 지난 20여 년 동안 약 2천여 회에 걸쳐 "꿈을 현실로 만드는 사람들"이라는 주제의 강의를 하였습니다. 초중고 및 대학의 학생들은 물론이고 일반 성인들을 위한 동기부여 강의였습니다. 강의가 있을 때마다 저는 제가 쓰고 있는 '마법의 문장'을 청중들에게 보여주었습니다. 그리고 그 문장을 언제 어디서 어떤 종이에 어떤 연필로 얼마큼 어떤 생각을 하면서 얼마의 시간을 들여서 쓰는지 구체적인 방법을 설명했습니다. 그리고 열심히 쓴 결과로 제게 일어난 변화들에 대해 설명했습니다.

그랬더니 많은 사람들이 앞서 소개한 스콧 애덤스, 경민이, 그리고 저처럼 역시 '마법의 문장'을 썼고, 저보다 더 열심히 써서 저보다 더 빠르게 더 큰 변화와 성장을 경험하였다는 이야기를 전해주고 있습니다.

성적이 부진하던 전북 정읍의 고등학생 지우는 연세 대학교 합격증

| 필자가 쓴 '마법의 문장'

을 들고 찾아오는가 하면, 광주의 K여고 소영이는 서울 교육 대학교와 서울 대학교 양쪽에 합격하여 어디로 가야 할지를 의논하러 오기도 하였습니다. 포항의 중학생 성수는 과학고에 들어가서도 계속 열심히 마법의 문장을 쓰고 있는 사진을 보내왔습니다. 춘천의 대학생 성빈이는 4년 내내 전 과목 에이플러스A⁺를 기록했습니다. 고등학생인 예나, 지수, 지선, 그리고 서영이는 오늘도 열다섯 번씩 쓴 노트를 사진으로 보내왔습니다. 인천의 중학생 병서는 '마법의 문장'을 쓰면서 놀랄 만한 경험을 했기 때문에 정신적으로 힘들어졌다고 호소해오기도 했습니다. 그만큼 '마법의 문장'을 쓰기 시작한다면 꿈꾸는 대로 이루어질 수 있습니다.

안녕하세요 교수님?

5월 달쯤 인천 북부교육청에서 강의 들었던 청천중 1학년 병서입니다. 저는 사실 공부도 못하고, 공부를 즐기지 않습니다. 하지만 교수님의 강의를 듣고, 중간고사 때 29등이었던 제가 교수님이 가르쳐 주신대로 공책에 하루에 15번씩 "나는 전교 1등이다"라고 쓰면서 공부를 했습니다. 그렇게 공부를 해서 정말 기적적으로 기말고사 때, 전교 3등을 했습니다. … 하지만 요즘 저에게 고민인 것은 갑자기 이렇게 많은 등수를 치고 올라가다 보니 같은 중위권에 있던 애들의 견제가 심해졌어요.

너무 정신적으로 힘이 듭니다….

마법의 문장은 학생들만의 이야기가 아닙니다. 베이징의 교사 정미경은 자신이 지도한 하림이가 2017년 3월부터 1년 동안 "나는 2018년 북대, 청화대에 합격했다"라는 '마법의 문장'을 쓰면서 공부하여 실제로 북경대에 합격했다는 소식을 전해왔습니다. 대전의 교사 김지영은 "나는 2017년 신규교사 연수 강사로 초대받는다"라는 '마법의 문장'을 6개월 정도 쓰다가 정말로 교육청으로부터 연락을 받았습니다. 강원도의 사회운동가 선주성 박사는 "나는 2018년 로뎀나무를 심는다"라는 '마법의 문장'을 1년 동안 썼습니다. 그리고 며칠 전 KTX 원주역 근처에 로뎀나무를 심고 실버센터를 지을 수 있는 토지를 마련하였다는 소식을 전해왔습니다.

안산의 김진희-조용진 부부는 '마법의 문장'을 쓰기 시작, 유명한 동기부여 강사가 되어 바쁘게 살고 있습니다. 그 부부는 특히 전국 수십 명의 청소년들과 날마다 메시지를 주고받으며 쓰기를 독려하여 모두 대학 진학의 꿈을 이룰 수 있게 돕고 있습니다. 제가 이 글을 쓰고 있는 지금 이 순간도 필리핀에까지 초청을 받아 마법의 문장과 관련된 캠프를 진행하고 있습니다. 안양의 최 선 목사는 유명한 시인 방송인 목회자가 되었고 수원의 청소년 재단 이연수 사무총장은 '마법의 문장'을 쓰면서 청소년학 박사 학위를 취득하고 교수가 되었습니다.

어떤 사람들은 열 명 스무 명씩 동아리를 만들어 단체 카톡으로 각자의 '마법의 문장'으로 출석체크를 하면서 서로 격려하며 날마다 가슴 뛰는 아침을 맞이하고 있습니다. 장현수 대표가 이끄는 화성의 나사나비 그룹, 김구정 대표가 섬기는 베이징-상하이 비전스쿨 그룹, 광주의 셀프리더 그룹이 그 예입니다. 그들은 모두 할 말이 많을 것입니다. '마법의 문장'을 쓰면서 자신에게 일어난 변화가 너무나 놀랍고 신기하기 때문입니다.


'마법의 문장'은 수많은 아이디어를 샘솟게 합니다. 지나간 일에 대한 피드백을 줍니다. 쓰는 도중 선택과 집중이 이루어집니다. 뜨거운 열정을 타오르게 합니다. 꼭 그렇게 하고 말겠다는 작심이 생깁니다. 그렇게 하지 않고는 견딜 수가 없게 됩니다. 보이지 않던 것이 보이기 시작합니다. 들리지 않던 소리가 들려오기 시작하고, 맡지 못하던 냄새를 맡게 됩니다. 불가능하던 것이 가능해집니다. 생각이 새로워지고, 깊어지고, 넓어집니다. 생각이 구체화되고, 확고해집니다. 쓰는 것이 생각하는 것입니다. 쓰면서 성장하고 무르익습니다. 평범한 사람이 특별해집니다. 꿈이, 현실이 됩니다.

제가 이 책을 내는 가장 주된 목표는 저와 함께 '마법의 문장'을 써보자는 제안을 하기 위해서입니다. 당신의 꿈을 아주 짧은 한 줄로 요약해보십시오. 그 문장을 이 책의 '마법의 문장 페이지'에 하루 열 다섯 번씩 써보십시오. 이 책에는 49꼭지의 스토리가 실려 있고, 각 꼭지마다 한 페이지씩 마법의 문장을 적을 수 있는 특별한 페이지가 마련되어 있습니다. 책을 다 읽은 다음엔 별도의 노트를 마련하여 20년 동안에 걸쳐 총 10만 번만 줄기차게 써보십시오.

열심히 쓰노라면 어떤 문장은 얼마 되지 않아 이루어질 수도 있습니다. 그러면 다음 단계의 목표로 문장을 바꾸십시오. 쓰면서 더 좋은 목표가 생각나면 역시 바꾸어도 됩니다. 몇 번 바꾸다 보면 10년을 두고 계속 쓸 정도의 문장을 만날 수 있을 것입니다.

그렇게 10만 번을 쓰는 동안 한 번, 한 줄 쓸 때마다 상상의 톱니바퀴가 돌기 시작합니다. 상상의 톱니바퀴는 선택의 톱니바퀴와 맞물려 있습니다. 그래서 선택의 톱니바퀴가 돕니다. 선택의 톱니바퀴가 의지의 톱니바퀴를 맞물려 돌게 합니다. 의지의 톱니바퀴가 또 실행의 톱니바퀴를 맞물려 돌립니다. 실행의 톱니바퀴는 다시 상상의 톱니바퀴를 더 빠르게 더 세차게 돌게 합니다. 이렇게 상상-선택-의지-실행의 톱니바퀴가 맞물려 돌아가며 머릿속에 무한대의 영상들을 창조합니다.

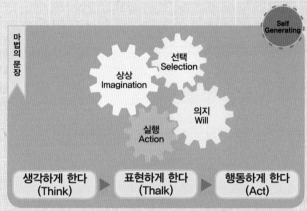

| 사람을 움직이는 힘, 마법의 문장 톱니바퀴

　그렇게 창조된 영상들이 그것을 이루기 위해 오늘은 무엇을 해야 될 것인가에 대한 생각이 저절로 떠오르게 합니다. 어디서 출발해서 어떤 경로로 누구와 함께 어디까지 가야 한다는 목표를 설정하게 합니다. 그래서 잠자던 세포들이, 유전자들이 모두 깨어납니다.

　뿐만 아니라 선택된 목표행동을 할 때 예상되는 장애물은 무엇이고, 그 장애물을 뛰어넘을 수 있는 방법은 무엇인지에 대한 생각까지도 정리됩니다. 눈의 초점이 한곳에 고정됩니다. 결의와 각오가 강화됩니다. 마음이 미래를 여행합니다. 마음속에 그려진 미래의 모습이 현재의 행동을 이끌어갑니다.

　이렇게 해서 아득한 미래가 숨 쉬는 현재로 당겨집니다.

# 4. 유전자 스위치를 온ON으로!

## 5. 입을 열어야 길이 열린다

# 1.

# 호박벌,
# 날기로
# 작정하다

숨을 쉰다고 해서
다 살아있는 것이 아닙니다.
꿈을 꾸어야 살아있는 것입니다.
우리는 꿈을 꿉니다.
그러므로 존재합니다.

# 세상은 천재가
# 아니라
# 결심한 사람의 무대이다

● ● ●

진짜 1등이 되기로 작정한
가짜 1등의 꿈

"석아, 너 거기 좀 앉아라."

"예…, 아버지, 왜요?"

"앉으라면 그냥 앉는 거다."

"예…."

"그런데, 너 졸업이 언제지?"

"한 달 남았는데요."

"그래…, 한 달 남았지. 그런데 너 중학교는 대구로 가는 게 좋겠다. 훌륭한 사람이 되려면 큰 도시에 있는 학교를 다녀야 하는 거다. 알겠니?"

"어, 저 혼자 가있어야 되는 거잖아요?"

"초등학생도 아니고 중학생이 그것도 못하냐?"

"그래도 전…."

"잔소리 말고 가라면 가는 거야."

대화는 그것으로 끝났습니다. 사실 석이가 보아도 자기 집은 부자도 아니고, 또 자기는 공부엔 별로 취미도 없고 머리가 좋은 편도 아니었습니다. 그래서 그 먼 도시의 중학교로 간다는 것 자체가 왠지 이상하고 내키지가 않았습니다. 한마디로 싫었습니다. 그러나 아버지가 가라고 하니 갈 수밖에 없었습니다.

그래서 대구에 있는 중학교로 가긴 갔지만 공부는 안 하고 그냥 놀기만 했습니다. 공부를 안 하면 다시 시골집으로 돌아갈 수 있으리란 생각을 하면서….

그러다 학기가 끝나고 방학이 되었습니다. 석이는 선생님이 준 성적표를 들고 고향으로 향했습니다. 그런데 문제는 그 성적표에 '68/68'이라는 석차가 적혀있다는 사실이었습니다. 어린 마음에도 쌀이 모자라 세 끼 밥도 제대로 먹지 못하는 형편에 도시의 중학교에까지 보낸 아버지의 마음을 생각하니 도저히 꼴지 성적표를 내밀 자신이 없었습니다. 그래서 약으로 잉크를 지우고 석차를 '1/68'로 고쳤습니다.

"아버지, 석이 왔어요. 절 받으세요."
"오냐, 그래, 학교 다니느라 애 많이 먹었지?"
"네…."
"이리 앉아라."

"네…."

"그런데… 공부는 잘 했니? 성적표 좀 보자."

"네, 아버지. 여기 있어요."

"아… 어어… 그러면 그렇지! 우리 석이가 1등을 했구나! 어허…, 어… 너 참 잘했다…. 어… 여보, 석이 엄마!"

"네… 왜요?"

"왜는 무슨 왜, 빨리 우리 저 돼지 잡아야 돼! 잔치 준비해, 우리 석이가 대구에 가서 1등을 했대… 빨리… 빨리 준비해!"

"아하… 아… 그게 정말인가요? 석이 너 참 장하다. 나 살다보니 이런 날도 오는구나!"

이윽고 잔치가 벌어졌습니다. 동네사람들과 친척들이 몰려왔습니다. 재산 목록 1호였던 돼지가 상 위에 올라왔습니다. 집안이 떠들썩해지며 단연 활기를 띠었습니다.

"석이 아빠, 아들 하나 잘 두셨네. 대구에 있는 중학교까지…. 그래…, 성적은 어때요?"

"앞으로 두고 볼 일이지요, 이번에는 다행히 1등을 했는가 봅니다."

"석이 아빠는 아들 하나는 잘 뒀어…."


그날의 잔치사건, 돼지를 잡은 사건은 석이에게 엄청난 충격으로 다가왔습니다. '1등'이라고 적힌 성적표를 들고 그렇게 좋아하시던 아버지의 모습을 잠시도 잊을 수가 없었습니다. 뿐만 아니라 만나는 사람마

나의 생각이 상식과 달라도
두려워하지 말자.
지금 가치있다고 인정받는 생각들도
처음엔 다 이상해 보였다.

버트런트 러셀Bertrand Russell (1872~1970), 영국 철학자·역사가·사회비평가

제임스 앙소르James Ensor, 〈가면에 둘러싸인 예술가의 초상Portrait of the Artist Surrounded by Masks〉, 1899

다 제각기 1등을 한 것에 대해 칭찬의 말을 했습니다. 그런 말을 들을 때마다 마치 고문을 당하는 것 같았습니다. 석이는 방학 내내 그야말로 바늘 방석에 앉은 것처럼 괴로웠습니다. 마음속으로 '내가 진짜 1등이었으면 얼마나 좋을까'라는 생각이 간절해졌습니다. 그러면서 석이의 행동이 조금씩 달라지기 시작했습니다. 진짜 1등이 되기로 작정했기 때문입니다.

〈피레네의 성〉처럼 일단 마음속으로 '1등'이라고 정해놓고 그 다음에 방법을 배워나갔습니다. 그로부터 17년 후 석이는 대학교수가 되었습니다. 한 국립대학의 총장도 되었습니다.

위 이야기는 신문에서 읽은 이야기를 재구성해본 것입니다. 사실 아버지는 아들이 '가짜 1등'이라는 것을 처음부터 알고 있었지만 끝까지 모른 체하고 있었다 합니다. 가짜 1등은 허공에다 진짜 1등이라는 성부터 먼저 쌓고 난 다음에 바닥의 흙을 메운 것입니다. 작정을 하니까 방법은 저절로 생겼습니다.

그렇습니다. 학생들의 성적이 올라가지 못하는 것은 머리가 안 좋아서가 아니라, 성적을 올리지 않기로 작정을 해서 그런 것입니다. 사업이 잘 안되는 것은 경기가 안 좋아서가 아니라, 사업을 잘되게 하려는 작심을 하지 않아서입니다. 농부도, 정치인도, 그 누구도 안되는 것은 환경이 아니라 작심을 하지 않은 탓입니다. 세상은 천재가 아니라, 작심한 사람의 무대입니다.

"가짜 1등은 〈피레네의 성〉처럼 허공에다
'진짜 1등'이라는 성부터 먼저 쌓고 난 다음에
방법이라고 하는 바닥의 흙을 메운 것입니다"

# Check in Your Dream!

_____년 _____월 _____일

나는
_____

나는
_____

나는
_____

나는
_____

나는
_____

나는
_____

나는
_____

나는
_____

나는
_____

나는
_____

나는
_____

나는
_____

나는
_____

나는
_____

세상의 1등이라는 영예는 천재가 아니라 1등이 되기로 결심한 사람들의 몫이다.

"내일은 또
내일의 태양이 뜰 거야,
난 소설을 쓰겠어!"

• • •
'바람과 함께 사라진' 꿈,
현실이 되어 돌아오다

학교에서 돌아온 초등학교 1학년짜리인 마거릿이 엄마를 보고 소리쳤습니다.

"산수가 너무 어려워. 난 내일부턴 학교 안 가!"

딸아이를 물끄러미 쳐다보던 엄마가 대답했습니다.

"산수가 그렇게 싫어? 그럼 이리 따라오렴!"

엄마는 어린 딸을 마차에 태우고 집 근처의 농장지대를 향해 내달리기 시작했습니다.

한참을 달리다가 서서히 속도를 늦췄습니다. 여기저기 전쟁으로 폐허가 된 집들이 시야에 들어왔습니다. 엄마는 그 빈집들을 손으로 가리키며 말했습니다.

"마거릿, 저기 저 집들을 보렴."

마거릿이 물었습니다.

"저 집들은 왜 다 저렇게 됐어?"

엄마가 설명했습니다.

"옛날에는 저 집들은 다 이 근처를 호령하던 사람들이 살던 집이었단다. 하지만 전쟁을 겪으면서 다 저렇게 망가져버렸지. 집들이 허물어진 만큼 그 집에서 살던 사람들도 다 초라한 사람들이 되었지. 그렇게 떵떵거리던 사람들과 그렇게 당당하던 집들이 다 전쟁이라는 그 큰 바람 때문에 저렇게 된 거란다."

마거릿은 엄마가 가리키는 집들을 바라보고 있었습니다. 정말 집들의 모습이 너무 초라했습니다.

엄마는 이번에는 반대편에 있는 집들을 가리켰습니다. 반대편의 집들은 아주 위풍당당해 보였습니다.

"어…, 이쪽의 집들은… 하나도 안 망가졌네."

"그쪽에 사는 사람들은 그 집만큼 힘이 있는 사람들이야. 힘이 있으니까 저렇게 잘 견디고 있지."

"그런데 엄마, 힘이 뭐야?"

"아는 거…. 철자법, 산수 다 잘 아는 게 힘이란다. 사람이 그런 큰 어려움을 당했는데 그것을 이겨낼 힘이 없으면 누구나 저 초라한 집들처럼 될 수밖에 없는 거란다. 그냥 쓰러지는 거지. 알겠니?"

엄마의 목소리가 단호해졌습니다.

다리를 잃은 마거릿 미첼은 목발 때문에 파라솔은 들 수 없었지만
꿈을 품을 수 있었기 때문에
'바람과 함께' 날아오를 수 있었습니다.
본문 중에서

에밀 버나드Émile Bernard, 〈양산 든 브르타뉴 여인들Breton Women with Parasols〉, 1892

마거릿이 알겠다는 듯이 고개를 끄덕였습니다.

"네, 내일 학교에 가겠어요. 그리고 산수도 열심히 할 거예요."

그렇게 성장한 마거릿은 26세 때 〈애틀랜타저널〉이라는 신문의 기자로 사회생활을 시작했습니다. 그러나 사고로 인해 다리를 절게 되어 처절한 절망감을 맛보지 않을 수 없었습니다. 어린 시절 어머니와 함께 둘러보았던 폐허들을 물끄러미 바라보았습니다. 그러다 갑자기 목발을 짚고 벌떡 일어섰습니다. 다리 때문에 현장으로 달려가 취재를 해야 하는 신문기사는 쓸 수 없을 망정 소설은 쓸 수 있다는 생각이 그녀를 일으킨 것입니다.

10년 동안에 걸쳐 1천 페이지도 넘는 대작 소설을 완성하기는 했지만 무명작가인 그녀의 작품을 읽어보려는 사람은 아무도 없었습니다. 그녀는 무려 3년이라는 긴 세월 동안 출판사들을 찾아다녔지만 그녀에게 돌아온 것은 오로지 냉소와 거절뿐이었습니다. 원고뭉치는 닳고 닳아서 원래 형태를 알아볼 수 없을 정도로 너덜거렸습니다.

그러던 중 어떤 출판업자가 출장을 가려고 기차를 타는 순간이었습니다. 마거릿은 "이 원고 한 번만 읽어봐주세요!"라고 소리치며 원고뭉치를 그의 가방에 쑤셔 넣었습니다. 그 출판업자는 열흘이나 출장을 다니면서도 끝내 그 원고를 읽지 않았습니다. 그가 원고를 읽게 된 것은 마거릿으로부터 "한 번만 읽어주세요"라는 세 번째 전보를 받는 순간이었습니다. 원고뭉치를 쑤셔 넣던 그녀의 얼굴이 너무나 진지하고 간절했었다는 기억이 떠올랐습니다. 다행히 그 출판업자는 불과 몇십 페이지를 읽어 내려가는 동안에 그 소설에 열광하기 시작했습니다. 그 소설책은 출간된 첫날 하루에만 5만 권이 팔렸습니다.

1937년 퓰리처상을 받은 소설 《바람과 함께 사라지다》는 지금까지 2천만 부 이상 판매되었습니다. 또 같은 제목의 영화도 만들어져 주인공 스칼렛과 버틀러는 단연 20세기의 연인으로 뭇사람의 가슴을 설레게 했습니다. 저도 이 영화를 다섯 번 이상 봤습니다. "내일은 또 내일의 태양이 뜰 거야"라는 그 유명한 대사는 너무나 감동적이었습니다.

《바람과 함께 사라지다》는 남북전쟁과 그 전쟁이 끝난 후의 복구기간을 배경으로 하고 있으며, 작가 마거릿 미첼Margaret Mitchell의 어린 시절의 이야기를 소재로 하고 있습니다. 그러나 작품 자체보다 더 감동적인 것은 작가의 삶입니다. 말 그대로 '바람과 함께 사라진' 꿈이 현실이 되어 나타난 것입니다.

마거릿은 비록 다리를 잃었지만 소설가라는 선명하고 흔들리지 않는 꿈이 생겼습니다. 꿈이 생기고 보니까 다리의 불편은 별 것 아닌 게 된 것입니다. 목발이 필요 없는 사람보다 더 생기 있고 더 높이 날아오를 수 있었습니다.

살아있다고 해서 다 살아있는 것이 아닙니다. 꿈을 꾸어야 살아있는 것입니다. 우리는 꿈을 꿉니다. 그러므로 존재합니다.

마거릿 미첼(소설가, 1900~1949)

마거릿 미첼은 1949년 교통사고로 짧은 생을 마칠 때까지 자신에게 닥친 불운을 탓하지 않았습니다. 오히려 소설가라는 새로운 꿈을 이루기 위해 다시 일어나 《바람과 함께 사라지다Gone with the Wind》라는 걸작을 써냈습니다. 《바람과 함께 사라지다》는 전 세계 40여 개국에서 3천만 부 이상 판매된 세계적 베스트셀러이자 절망을 딛고 일어난 그녀에게 퓰리처상의 영광을 가져다준 작품입니다.

# Check in Your Dream!

_____년 _____월 _____일

나는
_____
나는
_____
나는
_____
나는
_____
나는
_____
나는
_____
나는
_____
나는
_____
나는
_____
나는
_____
나는
_____
나는
_____
나는
_____
나는
_____
나는
_____

> 숨을 쉰다고 살아있는 것이 아닙니다. 꿈을 꾸어야 살아있는 것입니다.
> 우리는 꿈을 꿉니다. 그러므로 살아있습니다.

"아버지,
저는 의사도 되고
올림픽 금메달리스트도
되겠어요!"

● ● ●

16초를 날기 위해
16년을 준비한 '호박벌'

1932년, 미국의 한 도시에서 어떤 열두 살 된 아시아계 소년이 멍하니 철조망 안에 있는 수영장에서 즐겁게 수영을 하고 있는 백인 아이들을 지켜보고 있었습니다. 자기도 그 안에 들어가 수영을 하고 싶었지만 그건 불가능했습니다. 왜냐하면 그날은 수요일이 아니었기 때문입니다. 유색인종은 수요일 하루만 수영장에 들어갈 수 있었던 것입니다.

그날 특히 소년의 눈길을 사로잡은 것은 다이빙보드였습니다. 보드에 서서 아래를 노려보다가 갑자기 몸을 휙 날려 공중으로 날아올랐다가 제각기 멋진 회전 동작을 뽐내면서 물속으로 사라져버리는 아이들을 바라보며 소년은 넋이 나갔습니다. 그러면서 자신도 그렇게 할 수 있고 또한 꼭 그렇게 해보고 싶다는 생각이 간절해졌습니다.

드디어 기다리던 수요일이 되었습니다. 제일 먼저 수영장에 들어간 소년은 다이빙보드에 올라가 그들처럼 했습니다. 그러다가 다이빙을 조금 해본 한 친구의 도움을 받아 더 높이 올라가 한 번 반을 회전하며 물속으로 떨어졌습니다. 그 후 다이빙은 소년의 취미이며 특기, 그리고 목적이 되었습니다.

"아버지, 전 다이빙이 좋아요. 전… 다이빙 선수가 되고 싶어요."

그럴 때마다 아버지는 대답했습니다.

"얘야, 그러려무나. 네가 마음만 먹으면 이루지 못할 것은 없단다. 하지만 난 네가 의사가 되면 더 좋겠구나."

그러자 소년이 말했습니다.

"아버지, 그럼 전 의사도 되고 다이빙 선수도 될래요."

아버지가 대답했습니다.

"그래, 네가 마음을 먹었으니까…, 네가 포기하지만 않는다면 넌 반드시 해낼 수 있을 게다."


1948년 런던 올림픽 다이빙 경기장. 한 선수가 가슴에 미국 국기를 달고 10미터 플랫폼에 서있었습니다. 그는 공중 3회전 반이라는 고난도 기술을 선보이겠다고 다짐하고 있었습니다. 그가 지금 이곳에서 다이빙을 하고 나면 점수가 나오기까지는 16초가 걸립니다. 그는 이 16초를 위해 지난 16년을 달려온 것입니다.

이윽고 그가 몸을 날렸습니다. 그리고 정확히 16초가 흐른 뒤 그는

그저 많이 아는 것이 지식이 아닙니다.
실천을 향한 단단한 결심이
가장 유용한 최고의 지식입니다.

나폴레옹 보나파르트Napoléon Bonaparte (1769~1821), 프랑스 황제

폴 고갱Paul Gauguin, 〈조각가 장 폴 오베와 그의 아들 에밀Le Sculpteur Aubé et son fils Émile〉, 1882

올림픽 금메달리스트가 되었습니다. 16년의 꿈이 16초 사이에 현실이
되는 순간이었습니다.

시상식에서 미국 국가가 울려 퍼지고 수많은 관중의 환호가 터졌습
니다. 그러나 그 흥분된 함성들 속에서 그 선수의 귀에 들린 소리는 오
직 "네가 마음만 먹으면 이루지 못할 것은 없단다"고 소리치던 아버지
의 목소리뿐이었습니다. 그가 바로 한국계 미국인 최초의, 그리고 백
인이 아닌 동양인 최초의 다이빙 종목 올림픽 금메달리스트인 새미 리
Sammy Lee입니다.

그는 1952년 헬싱키 올림픽에서도 10미터 플랫폼에서 또다시 금메
달을 딴 다이빙 영웅입니다. 그의 올림픽 2연패는 남자 다이빙 종목에
서 처음이었고, 그가 1952년 헬싱키 올림픽에 참가했을 때의 나이는
32세로 최고령 금메달리스트였습니다. 그래서 사람들은 그를 작은 거
인(Little Giant)이라고 불렀습니다. 또한 그는 당시 이비인후과 전문의로
활동 중이었습니다. 그는 보기 드문 '의학박사 금메달리스트'였습니다.
LA에는 그의 이름을 딴 초등학교도 있습니다.

수영장의 철조망 앞에서 '멍'이나 때리고 서있는 것 같았지만 그는 다
이빙보드에서 새처럼 날기로 작정하고 있었던 것입니다. 그리고 16년
을 날아서 자신이 정한 삶의 최종목표지점에 도착한 것입니다.

"희망이란 마치 땅 위의 길과 같은 것이다.

본래 땅 위에 길이 없었다.

걸어가는 사람이 많아지면 그것이 길이 되는 것이다.

_루쉰(魯迅)"

새미 리(의사·올림픽 금메달리스트, 1920~2016)

새미 리는 유색인종의 수영장 사용을 제한하는 미국 내 인종차별적 환경 속에서도 꿈을 놓치지 않았습니다. 그는 모래사장에서 다이빙 연습을 하는 등 어려운 상황 속에서도 1948년 런던 올림픽, 1952년 헬싱키 올림픽에 출전해 2회 연속 금메달을 따면서 동양계 미국인 최초로 올림픽 금메달리스트가 된 의사 겸 다이빙 선수로 기억됩니다. 그는 은퇴 후에도 인종차별 문화에 맞서는 다양한 후원 활동과, 한국인 후배 양성에도 열정적으로 힘쓴 '작지만 거대한 스포츠 영웅'입니다.

# Check in Your Dream!

_____년 _____월 _____일

나는 _____

나는 _____

나는 _____

나는 _____

나는 _____

나는 _____

나는 _____

나는 _____

나는 _____

나는 _____

나는 _____

나는 _____

나는 _____

나는 _____

나는 _____

"그래, 네가 마음을 먹었으니까
… 네가 스스로 포기하지만 않는다면 너는 뭐든 할 수 있단다."
_ 새미 리 박사의 아버지

# 꿈을
# 잉태하는
# 시간

● ● ●

국·영·수보다
더 중요한 '멍 때리기' 시간

지수는 중학생 때까지 성적이 별로 뛰어나지 못했습니다. 아주 바닥은 아니었지만 그렇다고 뛰어나지도 못한, 말하자면 '얼치기'에 속하는 아이였습니다.

선생님들의 관찰에 의하면 그 아이의 문제는 멍하니 서서 창밖을 내다보곤 하는, '멍 때리는 습관'이었습니다. 교실 밖에 있는 아름다운 꽃, 나무, 새 같은 것들을 보면 눈을 떼지 못하는 데 있다고 했습니다.

국·영·수 공부보다는 아름다운 사물을 보며 감탄하고 거기서 받은 느낌을 표현하는 것이 훨씬 재미있고 계속 그런 일만 하고 싶어하기 때문에 성적이 좋을 수가 없다는 것입니다.

지수도, 엄마 아빠도 성적 때문에 말 못할 고민에 빠져들고 있었습니

사람의 모습은 변해갑니다.
우리는 우리가
하루 종일 어떤 생각을 하느냐에 따라서
그 사람의 모습이 정해집니다.

랄프 왈도 에머슨Ralph Waldo Emerson (1803~1882), 미국 작가·사상가

클로드 모네Claude Monet, 〈지베르니 정원에서In the Woods at Giverny〉, 1887

다. 그러다가 지수네 가족은 미국으로 이사를 가게 되었습니다.

미국 학교의 선생님들은 국·영·수 성적보다는 지수의 잠재력이 어디에 있는지에 더 관심을 가졌습니다. 그들은 어렵지 않게 지수의 재능이 미술 분야에 있음을 발견했고, 특히 회화(painting)에 특이한 소질이 있음을 간파했습니다. 그래서 지수가 그림을 열심히 그리도록 격려했습니다.

그때부터 지수는 꽃과 나비와 나무들과 새들을 마음껏 바라보며 그 아름다움이 주는 느낌들을 화폭에 담아내는 일에 열심을 기울였습니다. 고등학교를 졸업할 즈음 그녀가 그린 유화는 오리건 주 전체에서 1등으로 당선되어 워싱턴D.C.의 미국 의회 건물에 1년 동안 전시되었습니다. 결국 지수는 오리건 주립대학교에서 4년간 장학금을 받고 회화를 전공하며 그림을 통해 자기세계를 열어가고 있습니다. 한국에 있을 때의 국·영·수 공부에 대한 열등감은 흔적도 없이 사라졌고 세계적인 화가가 되기 위해 노력하고 있습니다.

수업시간에 멍하니 창밖을 볼 때 지수의 머릿속에서는 미술적 영감이 떠오르고 있었던 것입니다. 그렇게 받은 미적 감동을 화폭에 옮기고 있는 자신의 모습을 상상했던 것입니다.

그러다가 환경의 변화와 더불어 재능을 발견하고 화가의 꿈을 잉태하게 된 것입니다.

화가의 길을 가리라 작정했기 때문에, 그림이라는 꿈이 있었기 때문에 지수는 호박벌처럼 날아오를 수 있었습니다. 꿈이란 먼 훗날에 그것이 이루어지면 그때 가서 행복해지는 것이 아닙니다. 꿈을 향해 날기로 작정할 수 있기에 지금 행복한 것입니다. 그것이 바로 숨 쉬는 모든 순간에 꿈을 꾸어야 하는 이유입니다.

# Check in Your Dream!

_____년 _____월 _____일

나는 _____

나는 _____

나는 _____

나는 _____

나는 _____

나는 _____

나는 _____

나는 _____

나는 _____

나는 _____

나는 _____

나는 _____

나는 _____

나는 _____

나는 _____

꿈이란 먼 훗날에 그것이 이루어지면 그때 행복해지는 것이 아닙니다.
꿈을 향해 날 수 있기에 지금 행복한 것입니다.

# 스펙이 모자라서
# 꿈을 이루지
# 못하는 건 아니다

● ● ● ●

무기술 · 무자격 · 무스펙
'호박벌'의 꿈

한 젊은 여성이 고등학교를 졸업하고 얼마 되지 않아 결혼을 했습니다. 수년 후 어느 날 남편이 하던 세탁소가 오랜 불황의 파고를 이기지 못하고 문을 닫게 되었는데, 문제는 남편이 그 세탁소를 인수하기 위해 은행에서 빌려 쓴 돈을 어떻게 갚는가 하는 것이었습니다. 남편의 힘만으로는 빚을 갚기가 어려우니 자신도 돈벌이에 나서야만 했습니다.

일자리를 구하기 위해 사방의 문을 두드렸지만, 돌아온 대답은 한결같이 "죄송합니다. 자리가 없습니다"였습니다. 그래도 계속 일자리를 찾던 중 그녀는 어느 커피숍에서 설거지를 하는 주방보조 자리를 얻게 되었습니다. 하지만 거기서도 하루만에 해고당하고 말았습니다. 집에서 살림만 하고 아이들 키우느라 정신없이 살아온 젊은 여인에게 세상은 결코 만만치 않았던 것입니다. 커피숍에서 잘린 그날 밤, 그녀는 거울 앞에 섰습니다.

'나이 23세, 학력 고졸, 특별한 기술이나 자격증 없음.'

거울 앞에 선 자신의 모습은 고작 그것뿐이었습니다.

'제대로 할 줄 아는 거라고는 눈 씻고 찾아봐도 전혀 없는데, 이런 나를 누가 받아주겠어.'

침대에 누워서 말똥말똥한 정신으로 '내게 한 가지 기술이라도 있으면 좋으련만…' 하면서 가슴을 치는데, 그 순간 언젠가 성경 책에서 읽은 '한 병의 기름' 이야기가 떠올랐습니다. 자신과 마찬가지로 절망에 빠진 여인의 이야기였습니다.

죽은 남편이 남긴 빚 때문에 두 아들이 노예로 팔려갈 위기에 처하자, 절망에 빠진 여인은 남편의 스승이었던 예언자를 찾아가 도움을 청했습니다. 예언자는 그녀에게 이렇게 물었습니다.

"네 집에 무엇이 있는지 내게 고하라."

그러자 여인은 이렇게 대답했습니다.

"저희 집에는 올리브 기름 한 병 말고는 아무것도 없습니다."

예언자는 여인에게 밖에 나가서 이웃들에게 빈 그릇이란 빈 그릇은 모조리 빌려오라고 했고, 그 그릇에다 기름을 부으라고 말했습니다. 그녀는 예언자의 말대로 그릇을 모아 기름을 붓기 시작했습니다. 그런데 아무리 붓고 또 부어도 계속해서 기름이 나오는 것이었습니다.

더 이상 기름을 담을 빈 그릇이 없어졌을 때 여인은 다시 예언자에게 달려가 자기가 경험한 놀라운 기적을 이야기했습니다. 그러자 예언자는 여인에게 "너는 가서 기름을 팔아 빚을 갚고 남은 것으로 두 아들과 함께 생활하라"라고 말했습니다.

이야기 속의 한 병의 올리브 기름이란 상징에 불과할 테지만, 절박한 그녀에게는 그마저도 한 줄기 빛처럼 느껴졌습니다. 그녀는 골똘히 생각에 잠겼습니다.

'내 집에 남아있는 건 무엇일까?'

그 순간 고등학생 때 국어 선생님의 얼굴이 떠올랐습니다. 선생님은 그녀의 작문 실력이 매우 뛰어나다고 칭찬하시며, 학교신문을 편집하는 일을 맡겨주셨습니다.

그녀는 벌떡 일어나 침대 밖으로 나왔습니다. 이미 밤이 깊었지만 다시 옷을 걸치고 부엌으로 걸어가 커피포트의 스위치를 올렸습니다. 그리고 난로 옆에 놓인 휴지통에서 〈볼드윈파크〉라는 주간지를 수북이 꺼내 식탁 위에 펼쳤습니다. 앉은 자리에서 그 신문에 실린 광고들을 깡그리 다 읽었습니다.

'그래, 글 쓰는 일이라면 나도 잘할 수 있을 거야! 혹시라도 글 쓰는 일에 관련된 사람을 뽑는 광고가 있을지도 몰라!'

인간은 패배하기 위해 태어난 것이 아니다.
인간은 절망의 순간에 파괴될 수는 있지만
끝내 패배하지는 않는다.
꺼져가는 성냥불도 한 번은 반짝인다.
인간으로 태어나
… 희망을 버린다는 것은 참으로 어리석은 일이다.

어니스트 헤밍웨이Ernest Hemingway (1899~1961), 미국 소설가

아우구스트 마케August Macke, 〈공원에서 엄마와 아이Mother and Child in the Park〉, 1914

하지만 그녀가 원하는 구인광고는 좀처럼 눈에 띄지 않았습니다. 다만 광고문안들을 유심히 들여다보니 카피나 문장이 촌스럽고 형편없어서 꽤 눈에 거슬렸습니다.

'쯧쯧…, 나라면 이 지경으로 쓰지는 않을 텐데….'

그녀는 그 순간 어렴풋한 영감이 떠오르는 듯했고, 곧장 신문에 나온 허접한 광고문안들을 다시 고쳐 써보기 시작했습니다. 몇 차례 수정을 거쳐 나름의 샘플 광고문안을 다 완성했을 때는 이미 새벽을 지나 아침 해가 솟아오르고 있었습니다.

잠을 전혀 못 잤는데도 이상하리만큼 기분이 상쾌하고 몸도 날아갈 듯했습니다. 처음 맛보는 뿌듯한 희열감이었던 것입니다. 창틈으로 눈부신 아침햇살이 밀려들었습니다. 기분 좋게 주욱 기지개를 펴는데, 순간 그녀의 머리에 반짝하고 어떤 아이디어 하나가 떠올랐습니다.


그녀는 서둘러 옷장 문을 열었습니다. 그리고 최대한 맵시 나는 옷을 차려입고 곧장 읍내에 있는 신문사로 향했습니다. 두 아이의 손을 잡고 4킬로미터나 되는 길을 걸으며 그녀는 자신이 꿈꾸는 미래의 모습을 상상하고 또 상상했습니다. 가슴이 벅차올랐습니다. 신문사에 도착하니, 작은 키에 깡마른 체구의 사나이가 근심에 찌든 얼굴로 사무실 안쪽에서 걸어 나왔습니다. 그 순간 그녀는 갑자기 코끝이 찡해지고 온몸의 피부가 팽팽해지면서 뭔가 신비스러운 밝은 빛이 좍 비쳐오는 것 같은 환상에 빠졌습니다. 그녀가 소리쳤습니다.

"선생님, 혹시 신문사 사장님 아니세요? 사장님이시라면 광고지면을 좀 사러왔는데요."

그러자 사나이의 태도가 진지해졌습니다. 그때를 놓치지 않고 그녀는 자신의 계획을 설명하기 시작했습니다. 신문의 광고란을 도매가격으로 사들인 후 광고주를 찾아가 광고문안을 써서 신문에 실어주고 이익을 붙인 금액을 받는다는 것이었습니다. 그 대신 신문사에는 일주일 후에 대금을 지불한다는 조건도 제시했습니다. 놀랍게도 그녀의 제안이 받아들여졌습니다.

그날부터 그녀는 광고주들을 찾아 정신없이 뛰기 시작했습니다. 쉴새 없이 신발밑창을 바꿔 달아야만 했습니다. 구둣방에 갈 시간이 없을 때는 아예 구두를 벗어 어깨에 둘러메고 걸었습니다. 남편이 찌그러진 중고차를 구해왔습니다. 중고차라도 타고 다녀야 할 정도로 그녀의 광고문안에 매료되어 단골이 된 고객이 많아졌던 것입니다.

그녀는 성경 책에 나온 예언자의 말대로 '빌려온 그릇'인 광고란에다 집에 있던 '한 병의 기름'인 자신의 글쓰기 능력을 붓고 또 부은 것입니다. 그리고 5천 달러나 되는 빚을 갚았을 뿐만 아니라 유명한 광고대행업자이자 세계 최고 수준의 작가 겸 강사가 되었습니다.

바로 그녀가, 저 유명한 모티베이션 강사 도티 월터스Dottie Walters 입니다.

23세의 도티 월터스는 아무런 기술도 없었고 세상이 어떻게 돌아가는지도 몰랐습니다. 그야말로 몸은 뚱뚱하고 날개는 지나치게 작은 '호박벌'이었던 것입니다. 그러나 그녀가 집을 일으켜 세우기로 작정한 순간 그녀의 뇌 내에 '카피라이터'라는 능력이 깃들기 시작한 것입니다.

물론 잠재적인 재능은 있었지만 그것은 한낱 여고생 시절의 추억에 불과한 것이었습니다. 그러나 '예언자와 올리브 기름 여인'의 스토리를 자신의 실제 삶으로 구현하는 모습을 상상하기 시작한 순간, 광고 카피로 삶의 승부수를 던지고자 용기를 낸 순간, 물고기가 물을 만난 것처럼 펄펄 살아나기 시작한 것입니다.

꿈은 능력이 달라붙게 하는 자석입니다. 꿈을 품으면, 그리고 그 꿈을 반드시 이루겠다고 결심하면 능력이 생깁니다. 그래서 꿈이 있는 자에게 불가능이란 없습니다.

**도티 월터스**(작가 겸 동기부여가, 1952~ )
도티 월터스는 아버지의 무관심, 부모님의 이혼으로 고등학교밖에 다니지 못했습니다. 그 후 어머니와 단 둘이 생활하며 겨우겨우 입에 풀칠하며 지냈고, 결혼 후에도 불경기로 자신의 남편 세탁소가 망하는 등 그녀의 삶은 한시도 편하지 못했습니다. 하지만 그녀는 '생각의 전환'을 통해 '글쓰기'라는 자신의 장점과 뛰어난 장사 수완으로 위기를 기회로 바꿨습니다. 현재 그녀는 전 세계를 다니며 동기부여가로 활동하고 있습니다. 대표 저서로 《강의를 하라, 그리고 부자가 되어라*Speak and Grow Rich*》가 있습니다.

# Check in Your Dream!

_____년 _____월 _____일

나는
_____

나는
_____

나는
_____

나는
_____

나는
_____

나는
_____

나는
_____

나는
_____

나는
_____

나는
_____

나는
_____

나는
_____

나는
_____

나는
_____

나는
_____

스펙이 없어서 무엇을 못하는 것이 아닙니다.
꿈이 있는 사람에게는 스펙이 자석처럼 달라붙습니다.

문제는
능력이 없는 것이 아니라
꿈이 없는 것이다

• • • •
놀림감이었던 오줌싸개
'호박벌'의 꿈

　유난히 수줍은 초등학교 1학년짜리가 있었습니다. 그래서 선생님이 출석을 부를 때마다 대답을 제대로 못했습니다. 아이들 이름이 하나씩 불려질 때마다 소년의 가슴은 콩닥콩닥 뛰었고, 그러다가 결국에는 너무 빨리 대답하거나 너무 늦게 대답하여 망신을 당하곤 했습니다.

"김갑돌!"

"네!"

"이을순!"

"네!"

"아무개?"

"?? 네네, 네."

　그럴 때마다 아이들은 까르르 웃어댔고, 선생님은 화가 나서 얼굴이 붉으락푸르락해지셨습니다. 그런 일이 계속되다 보니 나중에는 아예 대답을 안 하게 되었고, 학교생활이 점점 싫어지기 시작했습니다.

그 후에 더욱더 결정적인 사건이 일어났습니다. 음악시간이 시작된 지 10분도 채 되지 않았을 때, 갑자기 화장실이 가고 싶어진 것입니다. 하지만 아이들이 보는 앞에서 선생님께 화장실 가고 싶다는 말을 할 수가 없었습니다. 그렇게 꾹꾹 참고만 있다가 어느 순간 자신도 모르게 벌떡 일어섰습니다. 선생님이 왜 그러냐고 물으셨지만, 소년은 그냥 말없이 주저앉고 말았습니다.

그러다가 결국에는 도저히 참을 수가 없어서 시뻘개진 얼굴로 아무 말도 없이 그냥 교실을 뛰쳐나왔습니다. 그러나 이미 때는 늦었습니다. 화장실 근처에도 못 가보고 그냥 바지를 적시고 말았던 것입니다. 그리고 며칠 뒤부터 학교에 가지 않았습니다. 아이들이 "오줌싸개! 오줌싸개!" 하며 떼지어 따라다니면서 놀려대었기 때문입니다. 소년은 그 정도로 말하기를 싫어하는 아이였습니다.

그리고 40년이라는 세월이 흘러 예전의 그 오줌싸개에게 나름 가슴 벅찬 하나의 꿈이 생겨서 《아들아, 머뭇거리기에는 인생이 너무 짧다》라는 책을 썼고, 그 영향으로 수백만 시청자가 지켜보는 TV 생방송 특강을 요청받았습니다. 오줌싸개는 50분짜리 원고를 만들었습니다. 그리고 방송이 있기 5일 전에 보따리를 챙겨서 그 누구의 방해도 받지 않고 연습을 할 수 있는 장소를 찾아갔습니다.

오줌싸개는 먹고 자는 시간 외엔 오로지 연습에 몰두했습니다. 처음엔 원고를 몇 번이고 큰 소리로 읽었습니다. 점점 목소리를 가다듬으며 표정과 제스처를 써가면서 연습에 연습을 거듭했습니다. 그렇게 4일 동안에 걸쳐 총 연습 횟수가 80회에 다다랐을 때는 그 50분짜리 원고를 완전히 암기한 상태가 되었습니다.

물론 단어 하나하나 문장 한 줄 한 줄을 깡그리 다 외우지는 않았지만 내용의 흐름이 암기가 되었고, 따라서 강연의 전체적인 맥락이 한눈에 들어오기 시작했고, 그렇게 왜 그 이야기가, 왜 그 단어가 그곳에 필요한지를 알게 되었습니다. 또한 대목마다 어떤 표정과 어떤 음색과 스피드와 톤이 필요한지를 저절로 터득하게 되었습니다. 어떤 대목에서 시선을 어디에 두면서 마커를 어떻게 잡고 어떤 글씨로 무엇을 보드에 적어야 할지, 지울 땐 어떤 움직임으로 무슨 말을 하면서 지우는지, 그 모든 답이 저절로 생각났습니다.

그때부터 오줌싸개는 베개와 물병과 물컵 등 온갖 물건들을 줄 세워 청중인 양 앉혀놓았습니다. 신문지를 한 장 펴서 '방송국' 무대도 만들었습니다. 그리고 실제와 똑같은 마음으로 연습을 했습니다. 그런 연습의 횟수가 총 100번을 넘은 다음 오줌싸개는 그 연습장소에서 나와 집으로 가서 옷을 갈아입고 방송국으로 향했습니다.

결과는 역시 기대 이상이었습니다. 예정된 방송시간은 50분이었고, 오줌싸개는 49분 30초에 강의를 마쳤습니다. 수많은 시청자들이 전

오줌싸개도 호박벌처럼 작정을 하니
알 수 없는 곳에서 꼭 필요한 능력이 공급되는 것을 경험했습니다.

본문 중에서

토머스 웹스터Thomas Webster, 〈 '교실' 공부A Study of 'The Schoolroom'〉, **c.1820**

화와 이메일로 공감을 표시하고 격려를 해주었습니다. 방송이 끝나고 5분이 채 안되어서부터 3시간 동안 그가 근무하는 대학교엔 너무나 많은 문의전화가 걸려와 업무가 마비될 지경이었습니다.

그 오줌싸개가 지금 이 책을 쓰고 있습니다. 저는 바보도 아니고 천재도 아니고 그냥 보통사람입니다. 다만, 죽기 전까지 천만 독자로 하여금 '기한이 있는 한 줄의 꿈'을 가지도록 격려하겠다고 작정한 사람입니다. 호박벌처럼 작정을 하니까 모르는 곳에서 필요한 능력이 공급되는 것을 실제로 경험하고 있습니다.

# Check in Your Dream!

_____년 _____월 _____일

나는 _____

나는 _____

나는 _____

나는 _____

나는 _____

나는 _____

나는 _____

나는 _____

나는 _____

나는 _____

나는 _____

나는 _____

나는 _____

나는 _____

나는 _____

_아이들의 놀림감, 오줌싸개도 꿈을 품으면 호박벌처럼 날아오를 수 있습니다._

# 바보천치 벤,
# 세계적인
# 명의의 반열에 오르다

. . .

세상에 바보는 없다.
다만, 꿈이 있는 사람과
꿈이 없는 사람이 있을 뿐이다

미국 디트로이트의 빈민가에 사는 초등학교 5학년짜리인 벤은 모든 시험에서 0점을 받는 지진아였습니다. 벤은 학교에서 돌아오면 아무도 없는 집에서 온종일 TV만 보고, 한 번도 학교 숙제를 해간 적이 없었습니다.

벤의 어머니는 오직 벤과 단둘이 어려운 살림을 꾸려가야 했기 때문에 밤낮으로 일하러 다녀야 했고, 철없는 벤을 돌봐줄 시간도 없었습니다. 그래서 벤은 학교에서 늘 꾸중만 듣는 문제아였습니다.

하루는 선생님이 산수시간에 퀴즈 시험을 보고 답안지를 앞뒤 학생들끼리 서로 바꿔서 채점을 하게 한 뒤, 각자 자신의 점수를 발표하게 했습니다. 벤이 발표할 차례가 되었을 때, 그는 일어서서 코맹맹이 소리로 "오여어우여점"이라고 했습니다. 그러자 선생님이 "뭐? 5점?" 하고 되물었습니다. 마땅히 '0점'이라고 해야 하는데 이상했기 때문입니다. 그때 뒤에 있던 여학생이 "빵점이에요!" 하고 소리치는 바람에 교실이 웃음바다가 되었습니다.

이런 문제아인 벤을 보다 못한 어머니가 하루는 이렇게 말했습니다.

"TV는 하루에 두 프로그램씩만 보고, 도서관에 가서 일주일에 두 권씩 책을 읽고 그 내용을 요약해서 가져오렴."

그러면서 시키는 대로 하지 않으면 아주 무서운 벌을 받게 될 것이라고 경고했습니다. 그러자 벤은 혼나지 않기 위해 할 수 없이 매일 도서관에 가서 책을 뒤적이게 되었습니다.

그렇게 6학년 후반기에 이르렀을 때였습니다. 어느 날 과학 선생님이 수업시간에 돌덩어리 하나를 집어 들고는 이것이 무엇인지 아느냐고 반 학생들에게 물었습니다. 그러나 대답하는 사람이 아무도 없었습니다. 공부 잘한다고 뽐내던 아이들까지도 묵묵부답이었습니다.

그러나 벤은 그 돌이 무엇인지 알고 있었습니다. 도서관에서 읽은 사진책에서 분명히 본 돌이었기 때문입니다. 그래서 벤은 손을 번쩍 들어 "흑요석黑曜石이요!"라고 외쳤습니다.

말썽만 피우던 벤이 수업시간에 손을 든 것만 해도 놀라운 일인데, 정답까지 말하자 선생님은 물론 반 친구들은 모두 깜짝 놀랐습니다.

그것이 운명의 갈림길이었습니다. 그날부터 벤은 아무도 대답하지

애나 메리 모지스Anna Mary Moses, 〈농장의 아침Morning Day on the Farm〉, 1951.

우리 마을에 있던 도서관이 오늘의 나를 만들었다.
내게는 독서하는 습관이
하버드 대학교 졸업장보다 더 소중하다.

빌 게이츠Bill Gates (1955~ ), 미국 기업인·사회사업가 못하는 문제의 답을 찾아가는 재미에 흠뻑 빠졌습니다. TV도 보지 않고, 아이들과 어울려 놀지도 않고, 오직 도서관에서만 시간을 보냈습니다. 그러다 보니 반에서 무슨 새롭고 어려운 과제만 생기면 벤이 해결사 역할을 했습니다. 반 친구들은 어려운 문제를 풀다가 안 되면 무조건 벤에게 가져왔습니다. 그 후 벤은 7학년 때부터 1등을 놓치지 않게 되었고, 장학생으로 예일 대학교에 입학하게 되었습니다.

그가 바로 벤저민 S. 카슨Benjamin S. Carson 박사입니다. 그는 1997년 12월 30일과 31일 양일에 걸쳐 남아프리카공화국의 메둔사 병원에서 잠비아의 삼쌍둥이 조셉 반다와 루카 반다를 분리하는 수술에 성공하여 세계적인 반향을 일으켰습니다.

벤저민 S. 카슨 박사는 뇌수술 분야의 세계적인 권위자일 뿐만 아니라, 《축복 받은 손Gifted Hand》과 《씽크 빅Think Big》이라는 베스트셀러의 저자이기도 합니다. 이제 그의 이름 바로 뒤에는 '문제아' 대신 '박사님'이라는 호칭이 꼭 따라다니고 있으며, 지금은 미국 트럼프 행정부에서 장관으로 일하고 있습니다.

벤저민 S. 카슨은 원래 천재로 태어나지도 않았지만 바보로 태어나지도 않았습니다. 다만, 환경이 그를 바보로 만들었을 뿐이고, 다행히 훌륭한 어머니 덕택에 꿈을 품게 되면서 점차 천재로 변해간 것뿐입니다.

우리는 누구나 천재이며 또한 바보입니다. 그중 어느 쪽으로 기울어지는가는 온전히 꿈이 있느냐 없느냐가 결정할 뿐입니다. 호박벌처럼 날기로 작정하는 순간, 누구나 천재가 되는 것입니다.

벤저민 카슨(뇌수술 권위자, 1951~ )

예일 대학교와 미시건 대학교 의과대학을 졸업하고, 존스 홉킨스 대학 소아 신경외과의 디렉터를 역임한 벤저민은 세계 최초로 샴 쌍둥이 분리수술에 성공했습니다. 그는 2013년 미국 국가 조찬기도회 스피치로 더욱 유명해졌으며 2009년에는 그의 스토리가 TV 드라마로 방영되기도 했습니다. 미국 시민으로서는 최고의 영예인 대통령 자유 훈장(Presidential Medal of Freedom)을 받은 그는 현재 미국 주택도시개발부 장관으로 일하고 있습니다.

# Check in Your Dream!

_____년 _____월 _____일

나는
_____
나는
_____
나는
_____
나는
_____
나는
_____
나는
_____
나는
_____
나는
_____
나는
_____
나는
_____
나는
_____
나는
_____
나는
_____
나는
_____
나는
_____

*세상에 바보는 없다. 다만 꿈이 있는 사람과 꿈이 없는 사람이 있을 뿐이다.*

"그들을 죽게 할 순 없어,
 의사가 되어서
 인도로 돌아오겠어!"

● ● ●

날라리 '호박벌'
내면의 소리에 귀 기울이다

아이다 스커더Ida Scudder는 평범한 여학생이었습니다. 그녀는 '삶이란 무엇인가? 어떻게 사는 것이 바람직한가?'라는 질문에 대해 뚜렷하게 정리된 생각을 갖고 있지 않았습니다. 그저 남들처럼 학교를 졸업하고 취직해서 넉넉한 소득을 올리며 그럭저럭 즐겁게 살아야겠다는 생각뿐이었습니다.

아이다는 특히 친구들과 어울려 다니면서 노는 것을 좋아했고, 그렇게 하자니 돈이 필요했기 때문에 취직을 해야겠다고 생각했습니다. 그녀가 생각하기에 직업이란 인생을 즐기기 위한 돈을 마련하는 단순한 수단에 불과했습니다. 그녀에게 꿈이 있다면 부자와 결혼해서 잘 먹고 잘사는 것이었습니다.

아이다의 아버지는 할아버지의 뒤를 이어 인도에서 의료 봉사 활동을 하고 있었습니다. 아이다는 그런 집안의 모습이 싫었습니다. 인도의 무더운 날씨가 싫었고, 인도 사람들도 싫었습니다. 봉사 활동을 하면서 살아가는 아버지의 모습은 속 편하게 놀고만 싶은 아이다에게는 부담이 되었습니다. 놀기 좋아하는 그녀로서는 인도에서의 생활을 견디기 어려웠기 때문에 혼자 미국에 남아 학교를 다니고 있었습니다.

그러다 아이다의 어머니가 병이 나서 인도에 다녀와야 했습니다. 인도에 머물고 있던 어느 날 밤 아이다는 2층 베란다에서 책을 읽고 있었는데, 인도 최고 계급인 브라만 남자가 불쑥 올라왔습니다. 그는 아이다를 보고 다짜고짜 자기 부인이 지금 출산을 하고 있는데, 같이 가서 자기 아내를 돌봐달라고 요청했습니다. 마을의 산파가 할 수 있는 모든 것을 다 해봤지만 소용이 없었다며, 지금 당장 의사의 조치가 없으면 자기 아내는 죽고 말 것이라고 말했습니다.

아이다는 자기는 의사가 아니고, 아버지가 유능한 의사라고 말하고 나서 외출 중인 아버지가 돌아오면 그리로 가도록 말을 전하겠다고 했습니다. 그러나 브라만 남자는 고개를 가로저으며 단호하게 딱 잘라 말했습니다.

"낯선 남자를 집안에 들이느니 차라리 산모와 아이 모두 그냥 죽게 내버려두겠소!"

아이다는 그 여인이 불쌍하다는 생각이 들기는 했지만 자신으로서는 어떻게 손을 써볼 방법이 없었기에 다시 책을 읽기 시작했습니다. 그런데 또 다른 남자, 이번에는 이슬람교도 남자가 서있었습니다. 그는 아이다에게 간절한 목소리로 말했습니다.

"아내가 해산 중입니다. 제 집에 와서 아내 좀 살려주세요!"

그 말을 듣고 외출했다가 방금 돌아온 아이다의 아버지가 가겠다고 말했습니다. 그러나 이슬람교도는 거절했습니다. 지금까지 가족이 아닌 외간남자는 그 누구도 자기 아내의 얼굴을 본 적이 없으며, 이방인을 집안에 들이는 것은 상상도 할 수 없다는 것이었습니다.

아이다는 아버지와 함께 그 이슬람교도의 마음을 돌려보려고 무진 애를 썼지만 모두 허사였습니다. 이슬람교도는 돌아갔고, 그녀는 무거운 마음으로 다시 책을 펼쳤습니다.

다시 인기척이 들렸습니다. 이번에는 높은 신분의 힌두교도가 베란다에 올라서있었습니다. 그 역시 아이다에게 해산 중인 젊은 아내를 살려달라고 간청했습니다. 아버지는 남자이기 때문에 안 된다며 아이다에게 꼭 같이 가달라고 말했습니다. 자기는 의사가 아니라는 아이다의 말을 들은 그는 절망스러운 표정을 짓고서 힘없이 돌아섰습니다.

이럴 땐 아이다의 어머니가 그들을 돌봤었는데, 어머니가 병이 드는 바람에 더 이상 산모들을 도울 수 없었던 것입니다. 아이다에게 있어서 그날 밤은 무척이나 길고 고통스러웠습니다. 그녀는 후에 그날을 회상

나는 처음으로 삶의 진정한 의미가 무엇인지를
진지하게 생각해보았다. 내가 그토록 오래 얼굴을 감싸 쥐고
'나를 이 세상에 보낸 조물주의 본뜻이 무언가?'를 생각한 것은
그날이 처음이었던 것 같다. 그러다가 조물주께서 나를
인도에서 쓰시려고 이곳으로 불렀다는 것을 직감했다.

아이다 스커더Ida Scudder (1870~1960), 의학자

하며 다음과 같이 말한 바 있습니다.

> 그날 밤 나는 잠을 이룰 수가 없었다. 너무도 괴로웠다. 단지 그들을
> 돌봐줄 여의사가 없다는 이유로 내 손이 닿는 곳에서 3명의 여인들
> 이 죽어가고 있었다. 나는 그날 밤 한숨도 자지 못하고 번민하며 뒤
> 척였다. 그렇지만 아무리 생각해도 해결책이 없었다. 나는 내 생애
> 를 인도에서 보내고 싶지 않았고, 친구들은 함께 즐거운 삶을 만끽하
> 자면서 어서 미국으로 돌아오라고 손짓하는 것 같았다.
>
> 나는 처음으로 삶의 진정한 의미가 무엇인지를 진지하게 생각해보
> 았다. 내가 그토록 오래 얼굴을 감싸 쥐고 '나를 이 세상에 보낸 조물
> 주의 본뜻이 무언가?'를 생각한 것은 그날이 처음이었던 것 같다. 그
> 러다가 조물주께서 나를 인도에서 쓰시려고 이곳으로 불렀다는 것을
> 직감했다.

아침이 되어 아이다가 잠에서 깨어났을 때, 그 세 여인은 이미 죽어
있었습니다. 그녀는 그날 오후 늦게 부모님에게 미국에 가서 의학공부
를 한 다음 인도로 되돌아오겠다고 말했습니다. 아이다는 미국으로 가
는 배 안에서 '세상에서 가장 소중한 일은 죽어가는 생명을 살리는 일
이며, 세상에서 가장 아름다운 삶은 인도와 같은 빈곤 지역을 위해 봉
사하며 사는 것'이라고 생각했습니다.

미국으로 돌아온 그녀는 1899년에 코넬 의과대학을 졸업하자마자

인도로 달려가 여성전용병원을 설립하기로 결심했습니다. 그러나 의과대학을 갓 졸업한 아이다에게는 병원을 열 만한 돈이 없었습니다. 인도에서는 환자들을 거의 무료로 진료해야 하기 때문에, 미국에서 병원을 개업하는 것보다 훨씬 더 많은 돈이 필요했습니다.

아이다는 모금 활동을 해서 개업비용을 마련하기로 마음먹었습니다. 그녀는 목표를 5만 달러로 잡고 모금 활동에 나섰고, 열정적으로 사람들을 설득했습니다. 드디어 뉴욕에 있는 어느 은행에서 셸Schell이라는 은행장을 만나게 되었고, 그는 수표 한 장을 내밀었습니다. 놀랍게도 수표에는 '1만 달러'라고 적혀있었습니다. 아이다는 가슴이 터질 것만 같았습니다.

인도 동남부의 타밀나두 지방에 도착한 아이다는 벨로르라는 도시에 20평 남짓한 건물을 마련했습니다. 베란다는 대기실로, 안쪽은 진료실 겸 침실로 꾸몄습니다. 그러나 애써서 병원을 열었지만 그녀는 불행히도 환자를 볼 수가 없었습니다. 그녀의 첫 환자는 이미 손을 써볼 수 없는 상태로 병원에 왔었는데, 그 후 얼마 뒤에 바로 죽어버렸기 때문에 나쁜 소문이 퍼졌던 것입니다. 설상가상으로 병원을 연 지 얼마 되지 않아 그녀의 아버지도 세상을 떠나고 말았습니다. 그녀는 주저앉고만 싶었습니다.

그러던 어느 날 신분이 높은 힌두교도가 찾아왔습니다. 그는 결막염에 걸려있었는데 아이다는 그를 깨끗하게 완치시켰습니다. 그 날부터 아이다는 사람들에게서 의술을 인정받기 시작했고, 하루에 200~300명의 환자들이 몰려들었습니다. 급기야 하루에 500명까지 진료해야 하는 날도 있었습니다.

일손이 달리자 원주민 여인들이 간호보조원 혹은 병원에서 정리하는 일을 담당하는 도우미로 자원하고 나섰습니다. 또한 이 병원에 대한 소문을 들은 수십 명의 의사들이 미국과 유럽에서 몰려오기 시작했습니다.

그렇지만 이 당시 아이다의 일은 마치 바닷물을 컵으로 떠내는 것과 같았습니다. 도와주는 사람이 늘어나기는 했지만, 환자 수에 비하면 의사 수는 여전히 턱없이 모자랐기 때문입니다.

아이다는 생각 끝에 벨로르 병원에 간호대학과 의과대학을 설립했습니다. 지금 아이다의 크리스천 메디컬 대학(Christian Medical College Vellore)병원은 병상이 1,700개나 되는 초대형 병원이자 인도의 여인들, 특히 산모들의 낙원이 되었습니다.

아이다는 공부를 열심히 한 학생이 아니었습니다. 부모님으로부터 많은 돈을 물려받지도 못했습니다. 가치관도 흔들렸습니다. 그러나 많은 밤을 뜬눈으로 지새며 꿈다운 꿈을 이루기 위해 살기로 작정한 순간, 삶다운 삶이 시작되었습니다. 내면에서 들려오는 부르심의 소리를 따라 날아오른 한 마리 호박벌이었습니다. 그리고 상상을 초월할 만큼 높이, 멀리 날았습니다

"내면에서 들려오는
부르심의 소리를 따라 날아오른
한 마리 호박벌"

아이다 스커더(의학자, 1870~1960)

아이다 스커더는 이타적인 삶을 살기로 결심한 뒤 온갖 역경에 도 불구하고 인도 여성의 삶의 가치를 지키기 위해 노력한 여성 의학자로, 인도 전역에서 몰려오는 흑사병, 콜레라, 문둥병 환자 들을 진료하며 자신의 삶을 헌신했습니다. 그녀의 이타적인 삶 은 1952년 5대 여성의사에게 수여하는 엘리자베스 블랙웰 표창 (Elizabeth Blackwell Citation)을 받음으로써 결실을 맺었고, 그녀가 미 국 전역을 돌아다니며 받은 후원으로 크리스천 메디컬 대학을 지었습니다. 그녀의 사후인 현재에도 크리스천 메디컬 대학은 인도 최고의 의과대학들 중 하나로 손꼽힙니다.

# Check in Your Dream!

_____년 _____월 _____일

나는
_____

나는
_____

나는
_____

나는
_____

나는
_____

나는
_____

나는
_____

나는
_____

나는
_____

나는
_____

나는
_____

나는
_____

나는
_____

나는
_____

내면에서 들려오는 부르심의 소리에 귀를 기울이는 순간 삶다운 삶이 시작됩니다.

> "그렇지,
> 이름은 디즈니랜드라고
> 하는 것이 좋겠어!"

* * *

"바로 이거야, 이게 필요하겠어,
난 이걸 하겠어"

한 만화가가 어린 두 딸들을 데리고 놀이공원에 갔습니다. 물론 딸들도 무척이나 좋아했지만, 모처럼의 외출에 만화가 자신이 더욱 들뜨고 신이 났습니다.

그는 특히 회전목마에 매료되었습니다. 멀리서 바라본 목마들은 경쾌한 음악에 맞춰 힘차게 달리며 신비한 빛을 발산하는 듯했습니다. 너무나 멋진 풍경이었습니다. 그는 아이들을 태우기 위해 회전목마에 가까이 다가갔습니다. 순간, 음악이 멈추고 목마들이 서서히 정지했을 때, 아뿔싸! 그제야 만화가는 자신이 속았다는 것을 알았습니다.

가까이서 본 목마들은 조잡하기 짝이 없었습니다. 말 모양만 비슷하게 흉내냈을 뿐 엉성하게 이어붙인 나뭇조각에다가 페인트칠도 엉망이어서 군데군데 벗겨지고 우글쭈글했습니다. 게다가 바깥쪽 말들만 그럴 듯하게 움직이지, 안쪽의 목마들은 모두 볼트로 네 발을 바닥에 고정시킨 죽은 말에 불과했습니다. 그는 실망감을 감추지 못하고 무엇엔가 홀린 사람처럼 허공을 응시하기 시작했습니다. 바로 그때 그의 상상력에 전원이 들어왔습니다.

잠시 후 그는 회전목마들을 만지면서 진짜 살아있는 말들이 신나게 뛰노는 놀이공원을 상상하기 시작했습니다. 진짜 증기선이 힘찬 뱃고동을 울리는가 하면, 증기선 뒤에서는 해적들이 칼춤을 추고, 조금 떨어진 곳에서는 서커스단이 재주를 뽐내며, 또 다른 한쪽에선 화려한 카니발이 벌어지고 있는 '꿈의 놀이공원'이 펼쳐졌습니다.

그는 어른 아이 할 것 없이 누구나 마음껏 즐길 수 있는 곳, 그 속에서 펼쳐지는 아름다운 상상들이 생산적인 창조의 에너지로 새롭게 승화되는 곳, 꿈이 있는 모든 가족들의 낙원을 만들기로 결심했습니다. 그리고 그 낙원을 '디즈니랜드'라고 부르기로 결정했습니다.

그 순간, 월트 디즈니Walt Disney의 가슴이 터질 듯 방망이질 치기 시작했습니다. 디즈니랜드의 내일이 시작된 것입니다. 뛰는 가슴이 아주 비범한 에너지의 샘이 된 것입니다. 그리고 그 비범한 동력은 다섯 번의 부도와 실패에도 불구하고 오늘날의 디즈니랜드를 건설해놓았습니다.

하늘 아래에 새롭게 만들어진 모든 것은 누군가의 머릿속에서 '그려졌던 것'이고, 누군가가 이룩한 업적은 바로 그 누군가의 꿈이었습니다. 그들이 미래를 내다보는 통찰력을 통해 "바로 이거야! 이게 필요하겠

앙리 루소Henri Rousseau, 〈독립 100주년 기념제A Centennial of Independence〉, 1892

만들어진 모든 것은 누군가의 머릿속에서 그려진 것이다.
누군가가 이룩한 업적은 바로 그 누군가의 꿈이었다.

본문 중에서

어! 난 이걸 하겠어!"라고 말하는 순간, 그리고 그것을 실제로 하고 있는 자신의 모습을 또렷이 떠올리는 순간, 꿈이 탄생합니다.

꿈은 행동을 일으킴으로써 매일 조금씩 현실로 다가옵니다. 그리고 그 꿈을 향해 호박벌처럼 날아오르기로 결심하는 순간, 아주 비범한 동력이 생깁니다. 월트 디즈니는 탁월한 능력이 있어서 꿈을 이룬 것이 아닙니다. 꿈이 있어서 탁월한 능력이 생긴 것입니다.

"꿈은 행동을 일으킴으로써
내일 조금씩 현실로 다가옵니다"

**월트 디즈니**(애니메이션 제작자 겸 디즈니랜드 창업자, 1901~1966)
월트 디즈니는 가난한 집안 환경에도 불구하고 그림을 그리고 싶다는 자신의 꿈을 놓지 않았습니다. 아버지를 따라 신문사를 다니면서도 배움의 끈을 놓지 않았던 그는 아버지를 설득해서 미술학교에 진학했습니다. 그 후 끊임없는 자기계발로 첫 장편 애니메이션 〈백설공주〉, 첫 컬러 애니메이션 〈꽃과 나무〉 등의 작품으로 세계 애니메이션 시장을 선도했습니다. 특히 그의 미키마우스 캐릭터는 현재까지 전 세계 어린이들에게서 많은 사랑을 받고 있습니다.

# Check in Your Dream!

_____년 _____월 _____일

나는
_____
나는
_____
나는
_____
나는
_____
나는
_____
나는
_____
나는
_____
나는
_____
나는
_____
나는
_____
나는
_____
나는
_____
나는
_____
나는
_____
나는
_____

*"바로 이거야! 이게 필요하겠어! 난 이걸 하겠어!"라고 말하는 순간,*
*그리고 그것을 실제로 하고 있는 자신의 모습을 또렷이 떠올리는 순간,*
*꿈이 탄생합니다.*

## 2.

# 종이 위의 기적,
# 쓰면
# 이루어진다

구체적인 목표는
구체적인 결과를 가져옵니다.

그러나 막연한 목표는
막연한 결과를 가져오는 것이 아니라
아무런 결과도 가져오지 않습니다.

# 종이 위의 기적,
# 쓰면
# 이루어진다

과연 되나 안 되나 테스트 삼아
써봐도 이루어진다

꿈이나 목표를 종이에 적는 것은 자기와 우주에게 메시지를 보내는 것입니다. 그 메시지는 자기에게는 출발을 알리는 초록색 신호이며 그치지도 않고 약해지지도 않는 전진의 북소리입니다. 그 메시지는 아주 강력한 에너지의 파동을 일으켜서 필요한 자원과 해결책을 자신에게로 끌어당기고 우주로 하여금 우리의 소원에 화답하도록 신비로운 작용을 일으킵니다.

한 편의 영화에 2천만 달러라는 어마어마한 출연료를 받는 짐 캐리와 세계 2천 개 이상의 신문에 〈딜버트〉 만화를 연재하고 있는 스콧 애덤스는 종이 위의 기적을 삶으로 보여준 대표적인 사람들입니다. 저도 그들을 흉내내며 지난 20년 동안 그런 마법의 메시지를 발송해본 경험이 있습니다.

1994. 08. 22. 수원비전스쿨 창설

1994. 08. 22. 학교 봉급 외에 Y = 500만 + 10만 X

　　　　　Y: 학교 봉급 외의 수입총액

　　　　　X: 강의 또는 워크숍 출강 횟수

　　　　　…

1994. 08. 29. 비전 개발에 대한 쉽고 재미있는 책

　　　　　…

1994. 10. 14. Visionary Self – Leadership 분야를 집대성하
　　　　　는 책

　　　　　…

1994. 10. 19 (2000년 음력 2월 7일의 미래일기).

　　　　　53번째 생일, ….

　　　　　오후엔 비전스쿨에 나가 특강을 하고….

　　이것은 저의 해묵은 다이어리의 한 부분입니다. 왼쪽은 그것을 적은 날짜입니다. 적어둔 소원들은 모두 성취되었습니다. '모두'라는 말은 부족합니다. '초과'라고 해야 더 적합할 것입니다.

　　수원비전스쿨을 창설하리라고 적던 그날 현재 제게는 아무런 아이디어도 대책도 없었습니다.

　　그냥 무턱대고 적어본 것입니다. 그렇지만 분명한 사실은 그것이 이루어졌다는 것입니다. 수원비전스쿨은 1995년 10월에 설립되었고, 지금은 전국 여러 도시에서 약 30여 개의 비전스쿨이 활동하고 있

습니다. 'Y = 500만 + 10만 X'라는 가상의 공식이 기정사실이 된 것은 2001년 초입니다.

당신도 적어보십시오. 일단 적고 봅시다. '적자' 생존, 적어야 이룹니다.

그러나 저에게는 두 가지 잘못이 있었습니다.

위의 메모에서 점선으로 생략 표시된 부분은, 적었지만 아직 이루지 못한 것들이 더 많다는 뜻입니다. 그 잘못 때문에 점선으로 생략 표시를 하게 된 것입니다. 가장 큰 잘못은 각 소원들의 달성시한을 못 박지 않았다는 것입니다. 그래서 어떤 것은 3개월이면 충분할 것이 1년도 넘게 걸렸고, 3년이면 가능할 것이 6~7년씩이나 걸렸습니다.

더 큰 잘못은 그것들을 적어두고 가끔씩 들여다보기는 했지만, 그것을 이루기 위한 행동 목록을 작성하거나 지속적으로 수정하고 보완하는 작업을 하지 않았다는 것입니다. 그랬더라면 더 크게 더 풍성하게 더 빨리 이룰 수 있었을 걸 하는 아쉬움이 남습니다.

그러나 저의 그런 잘못은 작은 것이었고, 제가 적었다는 것은 큰 성공이었습니다. 부족하고 엉터리일망정 일단 적고 보는 습관이 있어야 아름답고 소중한 꿈을 잉태할 수 있고, 또한 가꾸어 성취할 수 있습니다.

"마음속 깊은 곳의 결의만 확실하면 충분하지, 그것을 종이에 적었다 안 적었다가 뭐 그리 중요합니까?" 하고 의문을 제기할 수도 있습니다. 물론 그렇습니다. 강한 의지력과 무서운 집중력이 있는 사람들에게는 그 말이 옳습니다. 그러나 그런 사람은 극소수입니다. 저를 비롯한 대

하기로 마음 먹은 것을 글로 적노라면
자신도 모르게 생각이 구체화되고 깊어지며 무르익는다.
결국 생각이 의지가 되고 의지가 행동을 일으킨다.
쓰는 것이 성장이다.

파울 클레Paul Klee, 〈강력한 꿈Strong Dream〉, 1929

부분의 사람들은 마음이 약합니다. 늘 흔들리고 한눈이나 팝니다.

원하는 것들을 적어둔 종이뭉치 그 자체가 어떤 특별한 신통력을 발휘하는 것은 아닙니다. 중요한 것은, 그것을 글로 쓰는 순간에 쓰고 있는 내용대로 행동하고 있는 자신의 모습이 마음의 눈에 보인다는 사실입니다.

단 몇 줄의 글을 쓰는 동안에도 수없이 많은 그림들이 머릿속을 스쳐 지나갑니다.

그렇게 지나가는 그림들 중에는 그 목표를 달성했을 때의 자신의 자랑스러운 모습, 계획된 행동의 결과로 얻게 될 경제적이고 사회적인 혜택, 도중에서 만나게 될 장애들, 그 장애들과 싸우고 있는 자신의 모습, 장애들을 완전히 극복하고 결국 목표를 성취하는 자신의 모습 등이 있습니다.

그렇게 스쳐 지나가는 영상들은 그렇게 하고 싶다는 마음을 자극하고, 그럼으로써 '그렇게 되고 싶다'는 마음속 깊은 곳의 선택과 결단을 이끌어내며, 그것이 다시 새로운 영상들이 머릿속에 그려지게 함으로써 생각은 점점 더 넓고 깊어지며, 그럴수록 더 많은 것을 적어 내려가게 되는 것입니다.

그렇게 계속 적어 내려가다 보면 어떤 것이 위험한 것이고 또한 어떤 것이 비합리적인 것이며 비현실적인 것인지도 드러납니다. 그러면서 어지럽던 머릿속이 정리되고, 또한 자신이 적어 내려간 것이 오랫동안 기억에 남습니다. 바로 이런 이유들 때문에 원하는 것을 기록해둔 수첩이 아니라 그것을 글로 쓰는 습관이 바로 꿈을 잉태하는 아주 효과적인 방법이 되는 것입니다.

"계속 글로 적어 내려가다보면
어떤 것이 위험한 것이고 어떤 것이 비합리적인 것이며,
어떤 것이 비현실적인 것인지가 드러난다"

# Check in Your Dream!

_____년 _____월 _____일

나는
_____
나는
_____
나는
_____
나는
_____
나는
_____
나는
_____
나는
_____
나는
_____
나는
_____
나는
_____
나는
_____
나는
_____
나는
_____
나는
_____

원하는 것을 기록해둔 수첩이 아니라
글로 쓰는 습관이 바로 꿈을 현실로 만드는 기술입니다.

# 비전선언문

1995년 12월 31일, 나는 20여 명의 수원비전스쿨 학생들과 함께 경기도 안성의 한 캠프장을 찾았습니다. 우리는 그 긴 겨울밤을 지새우며 각자의 꿈을 말하고 그 꿈을 어떻게 이루어갈 것인지를 토론했습니다. 그리고 각자의 비전선언문을 작성하였습니다. 나는 학생들의 비전선언문 작성을 돕기 위해 본보기로 나 자신의 것을 작성했습니다.

"나의 꿈은 21세기 지구촌을 책임질 사람들에게 필요한 비전과 리더십의 원리를 전파하는 것이다. 나는 이 꿈을 현실로 만들기 위해 늦어도 2010년까지 비전 – 리더십 분야의 세계적인 베스트셀러를 내놓을 것이며, 그때까지 전 세계에 100개의 비전스쿨을 설립할 것이다."

나는 이 〈비전선언문〉을 복사하여 여러 개의 예쁜 액자에 넣어 눈길이 닿는 곳곳마다 놓아두고 눈만 뜨면 〈비전선언문〉이 확실하게 보이도록 만들었습니다. 또, 〈비전선언문〉을 수첩에도 적어 놓고 그것을 펼칠 때마다 읽고 또 읽었습니다. 나중엔 가로 1미터, 세로 1미터 크기의 현수막으로 제작하여 연구실 책상 정면에 걸어 놓았습니다. 뿐만 아니라 별도로 휴대용을 제작하여 여행지의 숙소에 걸어 놓았습니다. 심지어 강의를 할 때에도 비전 플래카드를 강의실 벽에 걸어 놓았습니다.

13년이 지난 2018년 현재 《아들아, 머뭇거리기에는 인생이 너무 짧다》 시리즈는 100만 부 이상이 읽혀졌으며 영어와 중국어로도 번역되었습니다. 뿐만 아니라 '100개의 비전스쿨'도 모두 가시권 안에 들어와서 어느덧 꿈이 현실이 되었습니다.

앞에서 소개한 경민이에게는 '모든 사람들이 자기의 창의력을 마음껏 발휘할 수 있는 기회가 주어지는 세상'을 만들고 싶다는 꿈이 있습니다. 그는 그래서 2035년까지는 반드시 첨단 기술을 보유한 벤처기업을 세워서 젊은 엔지니어들에게 기회를 제공하겠다고 작정하고 있습니다. 그는 최근 저의 권유에 따라 다음과 같은 〈비전선언문〉을 작성하였습니다.

눈을 감고 손을 모으며 간절한 염원을 되뇌는 것만큼
손에 연필을 쥐고 미래를 디자인하고 현재를 기록하며
과거를 반추하는 것 역시 간절한 기도이다.

폴 고갱Paul Gauguin, 〈설교 후의 환영 천사와 씨름하는 야곱
The Vision After the Sermon (Jacob wrestling with the Angel)〉, 1888

비전선언문

*2018년 1월 25일, 남한강 수련원에서*
*이경민*

내가 꿈꾸는 세상은
누구나 자신의 잠재능력을 최대한 발휘할 수 있도록
기회가 부여되는 세상이다.

나는 이 꿈을 현실로 만들기 위해
2030년까지
첨단 정밀화학 제품을 생산하는 벤처기업을 설립하여
젊은이들에게 창의력을 발휘할 수 있는 기회를 제공할 것이다.

사람들은 흔히 '생각'이 다 정리되고 나면 그것을 글로 옮기는 것이 글쓰기라고 생각합니다. 하지만 생각하기와 글쓰기의 선후관계는 사실 그 반대인 경우가 더 많습니다. 글을 쓰는 것은 단순히 생각을 표현하는 것이 아닙니다. 쓰는 것 자체가 생각을 하는 한 가지 방식이기 때문입니다.

쓰는 동안 사고는 점점 더 깊어지고 명료해지며, 안개 속을 헤매는 듯했던 모호한 개념들이 명쾌한 단어를 만나 단단한 현실의 지반에 안착합니다. 그런 글쓰기의 대표적인 형태가 〈비전선언문〉입니다. 〈비전선언문〉을 작성하는 것은 나에게 어울리는, 내가 원하는 미래를 반드시 창조해내고야 말겠다는 굳은 결의를 나 자신에게 각인시키는 장엄한 의식입니다. 그것은 내가 살아가는 존재 이유와 그것을 위해 내가 가야 할 길을 명료하게 정리해놓은 공식 선언문이며 미래를 향해 진군하는 인생의 〈출사표〉입니다.

〈비전선언문〉은 또한 인생이라는 여행길의 든든한 가이드입니다. 여행길에 나선 우리가 항로와 중간 기착지를 선택하고, 항해를 시작하고, 그것을 평가하고 수정하여, 다시 항해를 개시할 때 들여다보아야 할 변치 않는 나침반이며 길잡이입니다. 이것은 우리가 원하는 것이 무엇인지, 그 꿈을 이루기 위해서 어디로 가야 하는지, 미래에 어떤 사람이 될 것인지와 관련된 삶의 프로그램들을 구체적으로 조정하는 맥락(context)이며 코치입니다.

〈비전선언문〉은 중요한 선택을 해야 하는 순간이나 고비를 만나 잠시 주춤할 때마다 기운을 불어넣어주고 자신감을 줍니다. 또한 목표를 하나씩 이루어가는 과정 자체가 세상에서 가장 신나는 놀이가 됩니다. 끊임없이 마음을 뜨겁게 달구는 동시에, 다른 사람들에게도 생생한 기운을 불어넣어주고 격려할 수 있는 에너지가 되기도 합니다.

〈비전선언문〉은 일생 동안 우리 앞에 놓인 크고 작은 모든 선택과 결정에 영향을 미치며, 기준이자 지침이 됩니다. 그러니 한 줄 한 글자가 제각기 심장(深長)한 의미를 가질 수밖에 없기에, 간결하고 명쾌하게 표현하되 결연하고 비장한 의지를 압축해서 담아야 합니다. 또 구체적인 행동목표를 설정할 때 실질적으로 적용시킬 수 있어야 하며, 듣기만 해도 가슴이 두근거리고 포기하고 싶은 순간에도 의욕을 북돋아줄 수 있는 표현을 사용하는 것이 바람직합니다.

다음과 같은 세 가지에 유의하면 좋은 〈비전선언문〉을 만들 수 있습니다.

첫째, 외우기 쉽도록 짧게 만들어야 하고

둘째, 열 살짜리 어린아이라도 쉽게 이해할 수 있을 만큼 표현이 정확해야 하며

셋째, 가능한 한 세 문장을 넘지 않아야 한다.

# Check in Your Dream!

_____년 _____월 _____일

나는
_____
나는
_____
나는
_____
나는
_____
나는
_____
나는
_____
나는
_____
나는
_____
나는
_____
나는
_____
나는
_____
나는
_____
나는
_____
나는
_____

_비전선언문을 작성하는 것은 맥락을 창조하는 것입니다._

# 꿈으로 가는
전략지도

●●●

**나만의 실크로드를
그린다**

1958년, 어떤 미국 유학생이 결코 포기할 수 없는 꿈을 품고 있었습니다. 공부를 마치고 한국에 돌아가면 한국의 젊은이들에게 21세기를 향한 삶의 비전과 리더십을 일깨워주리라 하는 꿈이었습니다. 독실한 기독교 신자인 그는 어느 날 오후 기숙사 골방에 혼자 앉아 기도를 드리며 꿈을 현실로 만들기 위해 자신이 걸어가야 할 길, 즉 꿈을 향한 실크로드를 그리기 시작했습니다. 그가 그린 실크로드에는 27세부터 70세까지 43년에 걸친 여정이 표시되어 있었습니다.

그의 〈실크로드〉에는 그가 1961년에 박사학위를 받는다고 적혀있었습니다. 학위는 1년 늦었지만 1962년에 한국 대학교에서 교수생활을 시작한다는 꿈은 그대로 현실이 되어 경희 대학교의 교수로 부임하였

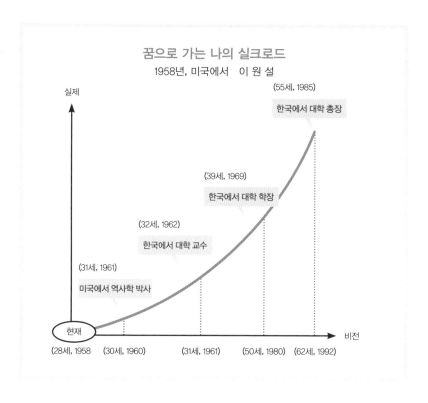

**꿈으로 가는 나의 실크로드**
1958년, 미국에서　이 원 설

실제

(55세, 1985)
한국에서 대학 총장

(39세, 1969)
한국에서 대학 학장

(32세, 1962)
한국에서 대학 교수

(31세, 1961)
미국에서 역사학 박사

현재

비전

(28세, 1958)　(30세, 1960)　(31세, 1961)　(50세, 1980)　(62세, 1992)

습니다. 그 후의 여정은 한결같이 앞당겨졌다는 것이 하나의 공통점이
었습니다.

특히 그의 〈실크로드〉에 의하면 그는 '1980년에 한국의 한 대학교에
서 학장이 되는 것'으로 적혀있으나 그가 실제로 경희 대학교의 학장에
취임한 것은 그보다 11년이 앞당겨진 1969년이었으며, '1992년부터는
한국에서 대학총장이 될 것'이라고 적었으나 그가 실제로 한남 대학교
의 총장에 취임한 것은 7년이 앞당겨진 1985년이었습니다.

인간이 달성할 수 있는
최고의 선은 행복이다.
그 행복은 자기실현이다.

아리스토텔레스Aristotelēs (BC 384~BC 322), 고대 그리스 철학자

클로드 로랭Claude Lorrain(Gellee), 〈티볼리 풍경화Landscape with an Imaginary View of Tivoli〉, 1642

뿐만 아니라 그는 문교부 고등교육국장과 주미 장학관을 역임했으며 미국 롱아일랜드 대학교, 아드리안 대학교, 벨기에의 루벤 대학교의 교수직 등을 역임하기도 하였습니다. 그 후론 숭실 대학교 이사장과 기독교 학교 연맹 이사장으로서 한국 기독교 교육계를 이끌었습니다. 뿐만 아니라 그가 졸업한 오하이오 노던 대학교는 개교 100주년을 맞아 모교를 가장 빛낸 동문 3명을 선정하여 명예박사학위를 수여했는데, 그가 그 3명 중의 1명이기도 했습니다. 그가 실제로 걸어간 길은 〈실크로드〉보다 월등히 더 다채롭고 화려하기까지 했다는 것입니다. 〈실크로드〉는 미래를 한정시키는 것이 아니라 확대시키는 역할을 한다고 말할 수 있는 것이지요.

그가 쓴 《기독교세계관과 역사발전》이라는 책은 한국 기독교계의 지성인들이 애독하는 최고의 문명 비판 명저로 남아있으며, 특히 《이데올로기의 초극*Beyond ideology*》은 해외의 많은 대학교들에서 교재로 채택된 바 있습니다.

이처럼 나만의 〈실크로드〉가 긍정정인 효과를 발휘하는 이유는 '무엇이 된다, 무엇을 한다'는 막연한 꿈, 희망사항만 적혀있는 것이 아니라 그 옆에 '언제까지' 혹은 '언제부터'라는 요지부동의 날짜가 적혀있기 때문입니다. 나만의 〈실크로드〉는 꿈과 날짜의 결합입니다. 꿈이 날짜와 결합된 것을 우리는 '비전'이라 부릅니다. 다시 말하면 나만의 〈실크로드〉는 또 다른 형태의 〈비전선언문〉입니다.

저의 스승인 이원설 박사가 〈미래이력서〉를 작성한 지 46년이 지난 2004년에 한 젊은이가 그 이야기를 듣고 〈꿈으로 가는 나의 실크로드〉를 작성하였습니다. 그 젊은이가 제 딸 혜원입니다. 그녀의 〈꿈으로 가는 나의 실크로드〉 역시 현재에서 미래로 나아가는 순서가 아니고 미래로부터 시작하여 현재로 이르는 식으로 작성되었습니다. 물론 꿈과 날짜의 결합 형태였지요. 그러나 제가 하고 싶은 이야기는 작성방법이 아니라 작성의 결과에 관한 것입니다.

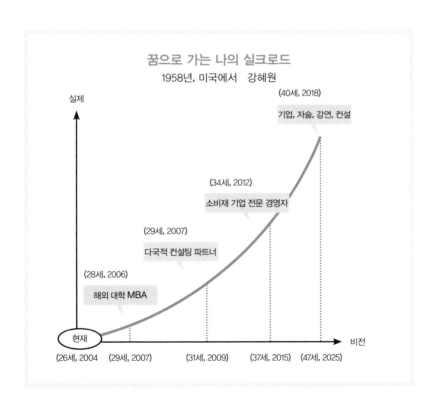

113페이지의 도표에서 보듯, 그녀의 대부분의 실제 여정은 예상보다 더 바람직하게 지도 위의 여정보다 많이 앞당겨졌습니다. 저는 가끔 딸로부터 뭐 쓰라는 게 그렇게 많다는 불평도 듣지만 쓰도록 이끌어준 것에 대해 고맙다는 인사를 더 많이 듣고 있습니다.

쓰면 이루어집니다. 종이 위에 쓰건 화면에 쓰건, 쓰면서 꿈이 비전으로 승화되고 비전이 액션플랜으로 구체화됩니다. 그래서 행동이 일어나고 결과가 창출됩니다. 쓰노라면 자기를 성찰하게 되고, 중심을 잡을 수 있고, 길을 찾을 수 있습니다. 세상에 능력 있는 사람과 능력 없는 사람이 있는 게 아닙니다. 오직 쓰는 사람과 쓰지 않는 사람이 있을 뿐입니다. 쓰는 사람에겐 비전이 있고, 쓰지 않는 사람에겐 비전이 없는 것입니다.

혹시 이 책 첫머리 'Do You Have a Dream? Check-in Your Dream!'에서 제안드렸던 '마법의 문장' 쓰기를 지금까지 계속하고 있습니까? 그렇다면 축하드립니다. 인생의 마법사, 연금술사가 된 자신에게 축하의 선물을 해보는 건 어떨가요? 달콤한 아이스크림도 좋고 프로야구 입장권도 좋겠지요. 혹시 마법의 문장을 적지 않고 그냥 지나간 페이지가 있다면 그 텅 빈 공간들이 당신에게 던지는 소리를 들어보시길 바랍니다.

아직 시작해보지 못하셨습니까? 그렇다면 지금부터라도, 바로 다음 페이지부터 한번 시작해보십시오. 당신이 쓰는 마법의 문장, 그것은 우주를 향해 보내는 당신의 메시지입니다. 우주는 아주 민감하고 친절해서 당신의 메시지를 아주 소중하게 접수하고 성실하고 신속한 피드백을 제공할 것입니다.

> …너는 이 비전을 기록하여 판에 명백히 새기되
> 달려가면서도 읽을 수 있게 하라.
> …비록 더딜지라도 기다리라.
> 지체되지 않고 정녕 응하리라
> _《구약성경》〈하박국〉 2장 2~3절

# Check in Your Dream!

_____년 _____월 _____일

나는 _____

나는 _____

나는 _____

나는 _____

나는 _____

나는 _____

나는 _____

나는 _____

나는 _____

나는 _____

나는 _____

나는 _____

나는 _____

나는 _____

쓰면 이루어집니다.
쓰면서 꿈이 비전으로 승화되고 비전이 액션플랜으로 구체화됩니다.
그래서 행동이 일어나고 결과가 창출됩니다.

# 실천을 위한 목표
## VS
# 변명을 위한 목표

● ● ●

**목표를 달성하지
못하는 이유**

제 가족 중 저를 가장 행복하게 해주는 막내딸이 고등학교 1학년이던 때의 일입니다. 딸에게 〈방학 중의 학습목표와 계획표〉를 좀 작성해보라고 했습니다. 그랬더니 막내는 아주 간략하게 '국 2, 수 2, 영 3, 합 7'이라고 자신의 계획을 적어왔습니다.

그러니까 간략히 작성된 그 계획표에 의하면 막내는 방학기간 내내 하루에 국어 2시간, 수학 2시간, 영어 3시간, 합해서 7시간씩 공부하겠다는 것이었습니다.

하지만 막내는 실제로 공부할 생각이 없는 것 같았습니다. 그 계획표에서는 실제로 정신을 집중해서 공부하겠다는 각오와 결의가 전혀 보이지 않았으니까요.

예를 들어 '영 3'이라는 것은 책상에 영어교과서를 펴놓고 그 위에 영

어참고서 한 권을 갖다놓고, 그 옆에는 영어사전, 그 오른쪽에는 노트
와 연습장을 놓고 앉아서 영어공부를 하는 분위기로 3시간을 보내겠다
는 생각일 뿐입니다.

그 녀석이 정말로 3시간 동안 영어공부를 할 작정이었다면, 목표를
이렇게 단순하고 막연하게 세우지는 않았을 것입니다.

학습목표

영어는 오후 3시부터 6시까지 3시간 동안 공부할 것인데, 오늘은 가
정법에 대한 공부를 할 것이다. 가정법 가운데서도 특히 과거완료문
형. 그중에서도 주어와 동사의 순서가 바뀌는 도치법에 대해 집중적
으로 살펴볼 것이다. 이것을 완벽하게 소화하기 위해 가정법, 과거완
료, 도치법이 사용된 문장을 교과서 17과에서 여섯 개, 영문법 참고
서에서 네 개를 골라낼 것이다. 그리고 도치법이 들어있는 간략한 문
장 다섯 개를 암기할 것이며, 독해력 문제집에서 가정법이 나오는 부
분의 문제 3회분을 풀고, 객관식 문제집에서 가정법에 해당하는 부
분을 모두 풀어볼 것이다.

아마 이런 식으로 계획을 세웠겠지요. 그리고 만약 이렇게 계획표를
작성했다면, 막내는 정말로 정신을 집중해서 '가정법'을 공부할 학생임
이 틀림없을 겁니다.

영어라는 막연한 목표를 넘어서 '가정법'이라는 구체적인 목표, 거기

추상적인 목표는 목표가 숫제 없는 것과 같습니다.
목표는 구체적이고 손에 잡히는 것이어야 합니다.

본문 중에서

알버트 안케Albert Anker, <작문하는 소년Schreibender Knabe>, c.1908

서 한 단계 더 나아가 '도치법'이라는 세부적인 목표를 세워놓지 않으면, 그 목표는 행동으로 이어지기가 어렵습니다. 뿐만 아니라 배우들을 위한 시나리오처럼 학습계획 역시 교과서, 참고서, 독해력 문제집, 객관식 문제집 같은 계획 실천을 위한 도구들로 체계적으로 구성하여 행동에 머뭇거림이 없도록 해야 합니다.

구체적인 목표는 구체적인 결과를 가져옵니다. 그러나 막연한 목표는 막연한 결과를 가져오는 것이 아니라 아무런 결과도 가져오지 않습니다.

추상적인 목표는 목표가 숫제 없는 것과 같습니다. 목표는 구체적이고 손에 잡히는 것이어야 합니다.

# Check in Your Dream!

_____년 _____월 _____일

나는 _____

나는 _____

나는 _____

나는 _____

나는 _____

나는 _____

나는 _____

나는 _____

나는 _____

나는 _____

나는 _____

나는 _____

나는 _____

나는 _____

구체적인 목표는 구체적인 결과를 가져옵니다.
그러나 막연한 목표는 막연한 결과를 가져오는 것이 아니라
아무런 결과도 가져오지 않습니다.

# 소리 없는
# 설득자

1985년 가을, 로리 베스 존스Laurie Beth Jones는 그녀의 인생을 단번에 바꿔버릴 놀라운 경험을 하게 됩니다. 그 경험은 기대하지 않았던 곳에서 시작되었습니다. 한 '세미나'에서 '이루어질 것 같지 않은 목표'를 세우고 '그것을 항상 눈에 보이는 곳에 뒀을 뿐'인데, 이 간단한 행동은 그녀의 인생을 크게 변화시켰던 것입니다.

그녀는 강사의 지시에 따라 세미나에 참가한 모든 사람들 앞에서 "지금으로부터 1년 뒤인 1986년에 나의 수입은 8만 6천 달러가 될 것이다!"라고 자신의 목표를 큰 소리로 외쳤습니다. 그녀는 5주 동안의 세미나 기간 내내 이름 대신 '8만 6천 달러'라고 쓰여진 명찰을 가슴에 달고 다녔습니다. 그리고 세미나가 끝나 집으로 돌아와서는 그 명찰을 욕실 거울에 붙여두었습니다.

목표를 스스로의 마음에 새기고 매일매일 눈으로 확인하면서
자신을 이끌어나간 결과, 목표는 현실이 됩니다.
눈에 잘 띄는 곳에 써 붙인 목표는 '소리 없는 설득자'입니다.

본문 중에서

이중섭, <가족>, 1950

1986년 6월 말에 집계해본 그녀의 수입은 4만 2천 달러였습니다. 그녀는 거울에 붙어있는 명찰의 아래위를 강력한 테이프로 더욱 단단하게 고정시켰습니다. 그리고 마침내 1986년 하반기, 그녀의 수입은 상반기 수입액을 초과했습니다.

그녀가 '8만 6천 달러'라는 명찰을 만들었던 1985년, 그녀의 실제 연봉은 3만 6천 달러였습니다. 그리고 특별히 목표액을 8만 6천 달러라고 한 것은 그 다음 해가 1986년도였기 때문이었습니다. 우연히 세워진 이 목표는 스스로의 마음에 그것을 새기고 매일매일 눈으로 확인하면서 자신을 이끌어나간 결과 현실로 나타나게 되었습니다. 그리고 그녀는 자신을 성공으로 이끌었던 경험을 바탕으로 《최고경영자 예수》라는 책을 썼고, 그것으로 또 하나의 목표를 달성할 수 있었습니다. 눈에 잘 띄는 곳에 써 붙인 목표는 조용하지만 효과적으로 우리를 설득합니다. 은근하지만 끝까지 우리에게 싸인(sign)을 보내줍니다. 또한 우리를 모니터 해줍니다. 이는 기억촉진 장치이며 행동유발 장치, 그리고 결과 측정 장치입니다.

# Check in Your Dream!

_____년 _____월 _____일

나는 _____

나는 _____

나는 _____

나는 _____

나는 _____

나는 _____

나는 _____

나는 _____

나는 _____

나는 _____

나는 _____

나는 _____

나는 _____

나는 _____

나는 _____

눈에 잘 띄는 곳에 써 붙인 목표는
아주 강력한 기억촉진 장치이며 행동유발 장치입니다.

3.

아무도
가지 않는
길로 간다

창의력이라는 것이
반드시 남이 모르는 것,
남이 생각해내지 못하는 것을
생각해내는 것만은 아닙니다.

나도 알고 남도 알고 세상이 다 아는 것이라도
아무도 실행하지 않는 것을
먼저 실행에 옮기는 것이야말로 진짜 창의력입니다.

# 암벽을
# 기어오른다

비켜가는 사람에게는
부스러기가 돌아갈 뿐이다

《삼국지》에서 유비, 관우, 장비가 죽고 제갈량까지 죽은 뒤의 일입니다. 조조가 세운 위나라의 장군 등애는 3만 군사를 이끌고 음평도라는 험한 길을 넘어 유비가 세운 촉나라를 침공했습니다. 그것은 아무도 예상할 수 없던, 다른 사람은 전혀 상상도 할 수 없던 공격 루트였습니다. 왜냐하면 그 루트는 사람이 살지 않는 산비탈을 700여 리나 걸어야 하는 길이었기 때문입니다.

산은 가파르고 골짜기는 깊어서 군량을 실은 마차는 물론이고 보병들조차 걷기가 버거웠습니다. 그러나 등애는 군사들을 이끌고 마침내 산마루에 올라 절벽을 내려다보았습니다. 과연 어떠한 군대도 도저히 앞으로 나아갈 수가 없는 가파른 암벽이었습니다. 그러나 등애는 그 점이 바로 기회라고 보았습니다. 그는 군사들로 하여금 담요를 몸에 둘둘

용기가 없이는
창의적인 삶을 살 수 없다.

앙리 마티스Henri Matisse (1869~1954), 프랑스 화가

프란시스 플로라 본드 팔머Francis Florabond Palmer,
〈로키 산맥: 평야를 건너는 이민자들The Rocky Mountains: Emigrants Crossing the Plains〉, 1866

만 채 몸을 굴려서 절벽 아래로 떨어지게 했습니다. 그 과정에서 다친 자도 많았지만 어쨌든 행군은 성공이었습니다.

한편, 촉나라는 음평도의 암벽만 믿고 그쪽 방면으로는 아무 군사도 배치하지 않았습니다. 그래서 등애군은 무인지경을 거쳐 촉나라 수도인 성도에 다다랐습니다. 예상치 못한 곳에서 갑자기 나타난 등애군의 맹공에 촉나라는 속수무책이 되어 항복하고 말았습니다.

등애의 성공은 아무도 가지 않은 길을, 아무도 상상하지 못한 암벽을 뛰어내린 데서 시작되었습니다.

아무도 가지 않은 길이 빠른 길입니다. 필요하다면 등애처럼 암벽을 타고 넘어야 합니다. 우회하지 말고 직선 코스로 기어올라야 합니다. 물론 어쩌다 실수하여 미끄러지면 지금까지 쌓아온 모든 것이 일시에 물거품이 될 수도 있습니다. 하지만 떨어졌어도 죽지 않았다면, 다시 시작해서 실패를 성공으로 둔갑시키면 됩니다. 그런 모험을 하지 않고는, 둘러가거나 비켜갈 수는 있을지 몰라도 넘을 수는 없습니다.

두려움과 고생스러움을 극복하고 험한 길을 뚫기는 참으로 어렵습니다. 그러나 다른 사람들보다 먼저 정상을 정복하고 산을 넘는 사람은 거대한 영예를 안고 그곳을 떠나지만, 우회로를 따라간 자들에게는 앞선 자가 남긴 부스러기가 돌아갈 뿐입니다. 그들은 아무리 노력을 해도 결국 '비겁한 모방자'라는 콤플렉스를 견뎌야 합니다.

# Check in Your Dream!

_____년 _____월 _____일

나는 _____

나는 _____

나는 _____

나는 _____

나는 _____

나는 _____

나는 _____

나는 _____

나는 _____

나는 _____

나는 _____

나는 _____

나는 _____

나는 _____

아무도 가지 않은 길이 빠른 길입니다.
잘 알려진 편한 길로 따라가는 사람들에겐
앞선 자가 남긴 부스러기가 돌아갈 뿐입니다.

## 23 C호실:
## 스티븐 스필버그

20세기 이래 세계 영화계의 중심은 미국 할리우드이며, 유니버셜 스튜디오는 그 할리우드에서도 가장 유명한 영화촬영소 중 하나입니다. 여덟 살 때부터 영화를 만들었을 정도로 영화에 푹 빠져있던 스티븐 스필버그Steven Spielberg가 유니버셜 스튜디오를 처음 구경하게 된 것은 그의 나이 17세 때였습니다.

스필버그는 스튜디오 여기저기를 기웃거리다가 척 실버즈Chuck Silvers라는 편집기술자를 만났습니다. 그는 실버즈에게 말을 걸면서도 속으로는 '내가 말을 걸면 경비원을 불러서 촬영장 밖으로 끌어내지 않을까?' 하는 걱정을 해야만 했습니다. 왜냐하면 그곳의 규칙이 그렇게 엄격했기 때문입니다.

그러나 실버즈는 스필버그를 밖으로 끌어내는 대신 1시간가량이나

자신은 할 수 없다고 생각하고 있는가?
사실, 당신은
그것을 하기 싫다고 생각하고 있는 것이다.
그래서 그것은 실행되지 못하는 것이다.

바뤼흐 스피노자Benedict de Spinoza (1632~1677), 네덜란드 철학자

호아킨 소로야Joaquin Sorolla, 〈오후의 태양Afternoon Sun〉, 1903

그와 이야기를 나누었습니다. 뿐만 아니라 스필버그가 이미 여러 개의 영화를 혼자 만들었다고 말하자, 실버즈는 그중에 몇 개를 보고 싶다며 다음 날 다시 유니버설 스튜디오에 들어올 수 있는 통행증을 만들어주었습니다. 다음 날 스필버그는 실버즈에게 자기가 만든 습작 영화를 몇 편 보여주었고, 두 사람은 이를 계기로 아주 친밀한 사이가 되었습니다.

그 뒤 스필버그는 자기 아버지의 손가방을 얻어들고 매일 무턱대고 촬영소로 출근했습니다. 그 누구의 허가도 받지 않았습니다. 대학 졸업도, 그곳에 취직이 될 때까지 기다리지도 않았습니다. 다만 스필버그는 자기 발로 스튜디오를 향해 걸어 들어갔을 뿐입니다. 매일같이 양복을 입고 촬영소에 출근해 감독, 작가, 편집자, 그리고 여러 스태프 들과 한데 섞여 지냈습니다.

그러다가 아무도 쓰지 않는 사무실 하나를 발견하고는 그곳을 자기 방으로 만들었습니다. 누구의 허락이나 절차도 밟지 않은 채 상점에 가서 플라스틱 명패를 사다가 방문에 붙이고 건물 입주자 명단에 자기 이름을 끼워 넣었습니다.

스티븐 스필버그 : 23 C호실

스필버그는 대학도 가지 않았고 해외 유학은 생각도 해본 적이 없습니다. 오직 아버지의 가방을 빌려 들고 그 안에 도시락 하나 넣고 날마다 유니버설 스튜디오 23 C호실로 갔습니다. 다른 길로 가지 않고 오직 자신의 꿈이 춤추고 있는 무대를 향해 일직선으로 걸어갔습니다. 그리고 높이높이 날아올랐습니다.

스티븐 스필버그(영화 감독, 1946~ )

스티븐 스필버그는 레스토랑 경영자이자 피아노 연주자인 어머니와 전기 기술자인 아버지 사이에서 태어난 유대계였습니다. 반유대주의라는 배타적인 문화 속에서도 그는 여덟 살 때부터 아마추어 영화를 제작하면서 '영화 감독'이라는 자신의 일관된 꿈을 좇기 위해 계속 도전했습니다. 마침내 〈E.T.〉, 〈쥬라기 공원〉, 〈터미널〉, 〈트랜스 포머 시리즈〉 등을 잇따라 성공시키며 초기 SF 영화와 어드벤처 영화의 거장이 되었습니다. 그가 만든 영화의 총 흥행 매출은 전 세계적으로 약 10조 원에 이르는 것으로 평가되고 있습니다.

# Check in Your Dream!

_____년 _____월 _____일

나는
_____

나는
_____

나는
_____

나는
_____

나는
_____

나는
_____

나는
_____

나는
_____

나는
_____

나는
_____

나는
_____

나는
_____

나는
_____

나는
_____

꿈을 이루기 위해선
오직 자신의 꿈이 춤추고 있는 무대를 향해 일직선으로 걸어가야 합니다.

# 낯선
# 길로
# 들어선다

● ● ● ●
머리가 아니라
행동으로 발휘하는 창의력

언젠가 부산에서 비교적 큰 규모의 강연을 한 적이 있습니다. 커다란 체육관에 3천여 명의 청중이 모였습니다. 앞부분 행사가 끝나고 저의 차례가 되었습니다. 소개가 끝나고 사회자가 "박수로 맞이합시다!"라고 외치는 순간 저는 천천히 자리에서 일어나 단상을 향해 걸어갔습니다.

단상으로 오르는 계단을 밟으며 앞에 설치된 대형 스크린을 쳐다보았습니다.

아뿔싸!

이게 웬 일입니까? 그 장면에선 반드시 스크린에 미리 준비된 화면 자료가 떠있어야 하는데, 화면엔 아무것도 없는 게 아닙니까? 이건 큰 일이었습니다. 저는 일부러 발걸음을 늦췄습니다. 교탁에 도착했습니다. 들고 올라간 메모지를 놓을 때도 시간을 끌었습니다. 마이크도 툭 툭 건드려보았습니다. 이젠 되었겠지 하고 다시 뒤를 힐끔 돌아봤습니다. 여전히 화면은 백색이었습니다.

'낭패다!' 온몸의 피가 얼굴로 다 모이는 느낌이었습니다. '30분 전에 시험했을 때에는 아무런 이상이 없었는데 이게 웬일이란 말인가?'

그렇다고 "여러분, 죄송합니다. 화면 준비가 여의치 않은 모양인데, 잠시만 기다려주십시오"라고 말할 수도 없었습니다. 그랬다면 "과연 저 사람이 첫마디를 뭐라고 할 것인가?" 하며 잔뜩 기대하고 있던 그 많은 사람들을 실망시켰을 것입니다.

청중은 지금 무슨 문제가 있는지 모릅니다. 그래서 더 낭패였습니다. 몇 초 동안 말없이 뒤를 돌아보다가 '이젠 끝이로구나' 하는 생각이 든 순간, 저는 오히려 회심의 미소를 지었습니다. 화면이 준비되어서가 아니었습니다. 다만, 그 상황을 어떻게 돌파할 것인지에 대한 아이디어가 떠올랐기 때문입니다. 저는 마이크를 뽑아 들고 완전히 노래방 포즈를 취했습니다. 그리고 아무 말도 없이 노래를 부르기 시작했습니다.

> 두둥실 두리 둥실 배 떠나간다.
> 물 맑은 봄 바다에 배 떠나간다.
> 이 배는 달 맞으러 강릉 가는 배….

그러자 처음엔 어리둥절해하던 청중이 손뼉으로 박자를 맞추기 시작했습니다. 휘파람 소리도 들렸습니다. 그러나 저는 거기서, '강릉 가는 배'에서 멈췄습니다. 그리고 큰 소리로 청중에게 말을 걸었습니다.

모리스 위트릴로Maurice Utrillo, 〈에펠탑, 파리에 눈이 온다면La Tour Eiffel, à Paris sous la neige〉, 1933

눈은 겨울에만 내리지 않는다.
창의력은 고갈되지 않는다.
사용하면 사용할수록 더 많아지기 때문이다.

마야 안젤루Maya Angelou(1928~2014), 미국 배우

"여러분, 제가 노래를 잘합니까, 못합니까?"

"잘합니다."

"정말 잘합니까?"

"네!"

"그럼 오늘 여러분이 제 강의를 끝까지 열심히 들어주신다면 강의 끝나고 정식으로 멋진 노래를 한 곡 불러드리겠습니다."

그러자 "와!" 하는 함성과 함께 박수가 터졌습니다. 박수소리가 진정되기를 기다려 저는 한마디를 더 했습니다.

"그러나 오늘 여러분이 강의를 열심히 들어주지 않으신다면 강의 끝나고 나서 노래를 두 곡을 부르겠습니다."

그러자 폭소가 터졌습니다. 사실 저는 타고난 음치이기 때문이었을 것입니다. 그 순간 화면을 보았습니다. 준비했던 자료가 떠있는 것이 아닙니까!

그날의 강연은 성공이었습니다. 이미 노래로 서로 간의 벽을 허물고 시작했기 때문일 것입니다. 그 절박한 순간에 제가 어떻게 그런 아이디어를 생각해낼 수 있었을까요?

책에서 읽었기 때문입니다. 그 책은 상당히 많이 읽힌 책입니다. 저처럼 강의를 하는 사람이라면 거의 다 읽어서 아는 내용일 수 있습니다. 그러나 저는 수십 년 동안 강의장을 다녀보았지만 그렇게 하는 강사를 본적은 없습니다.

남다른 꿈을 이루기 위해선 남다른 창의력이 필수적입니다. 그런데 그 창의력이라는 것이 반드시 남이 모르는 것, 남이 생각해내지 못하는 것을 생각해내는 것만은 아닙니다. 남도 알고 나도 알고 세상이 다 아는 것이라도 남들이 실행하지 않는 것을 먼저 실행에 옮기는 것이야말로 진짜 창의력입니다.

"전에 가보지 않은 낯선 길일수록
빠른 길일 수 있습니다.
《신약성경》에 '좁은 문으로 들어가라'고 하는
'말씀'도 있지만, 아무도 가지 않는 길이
옳은 길일 수 있습니다.
다른 사람들에겐 없는,
오직 나만 간직하고 있는
독특한 꿈을 이루기 위해선
독특한 행동이 필요합니다"

# Check in Your Dream!

_____년 _____월 _____일

나는
_____

나는
_____

나는
_____

나는
_____

나는
_____

나는
_____

나는
_____

나는
_____

나는
_____

나는
_____

나는
_____

나는
_____

나는
_____

나는
_____

나는
_____

남다른 꿈을 이루기 위해선 남다른 창의력이 필수적입니다.
창의력이란 다른 사람이 생각해내지 못하는 것을 생각해내는 것만은 아닙니다.
세상이 다 아는 것이라도 아무도 실행하지 않는 것을
먼저 실행에 옮기는 것이야말로 진짜 창의력입니다.

# 노르망디
# 상륙작전

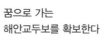

꿈으로 가는
해안교두보를 확보한다

제2차 세계대전이 막바지로 치닫던 1944년 6월 6일에 이루어진 연합군의 노르망디 상륙작전은 말 그대로 '지상 최대의 상륙작전'이었습니다.

연합군이 프랑스 북서부 해안에 상륙하여 교두보를 확보할 경우 대규모 병력이 프랑스를 지나 나치 독일의 심장부까지 진격할 수 있고, 이것은 곧 연합군의 승리로 이어질 터였습니다. 때문에 이를 막으려는 에르빈 로멜Erwin Rommel 장군과 어떻게든 돌파하려는 드와이트 아이젠하워Dwight Eisenhower 장군 사이의 작전 싸움은 그야말로 불을 뿜는 듯 치열했습니다.

6월 6일의 어스름한 새벽빛 속에서 연합군의 공격이 시작되었습니다. 연합군의 낙하산부대가 노르망디 일대의 주요 교량을 점거하고 나

제임스 앙소르James Ensor, 〈1889년, 브뤼셀에 입성하는 그리스도Christ's Entry into Brussels in 1889〉, 1888

이 세상에 보장된 것은 아무것도 없으며
오직 기회만 있을 뿐이다.

더글라스 맥아더Douglas MacArthur (1880~1964), 미국 군인

치 군대의 통신망을 두절시키는 동안 육군이 상륙을 시도한 것입니다. 결국 연합군은 노르망디 해안의 다섯 곳에 상륙했습니다. 그중 '유타', '골드', '주노', '소드'라는 네 곳은 쉽게 점거했지만, '오마하'에 상륙하던 연합군은 독일군의 거센 저항에 부딪혀 고전했습니다. 하지만 해질녘이 되어서는 해안 지역 다섯 곳을 모두 확보할 수 있었습니다. 이 작전은 연합군의 승리에 쐐기를 박는 기념비적인 성공작이 되었고, 이로써 연합군은 독일 본토로 진격하기 위한 본격적인 작전에 돌입할 수 있었습니다.

해안교두보는 적지로 진격해나가기 위한 발판이 되는 동시에 유사시에는 퇴로를 제공합니다. 그런 만큼 전쟁에서 해안교두보를 확보하는 일은 매우 중요합니다. 한국전쟁에서도 더글러스 맥아더Douglas MacArthur 장군의 인천 상륙작전이 성공하지 못했다면 승패의 양상은 많이 달라졌을 것입니다. 연합군이 평양을 지나 압록강까지 파죽지세로 밀고 올라갈 수 있었던 것은 인천이라는 해안교두보를 확보했기 때문이었다고 해도 과언이 아닙니다.

여기서 말하는 '해안교두보'라는 것은 최종적인 목적지까지 가기 위한 발판이자, 그 과정에서의 특정한 돌파를 위한 중간목표입니다.

가수에게는 빌보드차트 순위에 올라가는 것이나 앨범 판매고를 일정 수량 이상 올리는 것이 해안교두보가 될 수 있습니다. 방송인에게는

'오프라 윈프리 쇼The Oprah Winfrey Show'처럼 자기 이름을 내건 프로그램을 진행해보는 것, 저술가에게는 자기 책이 유명 서점의 '금주의 베스트셀러' 목록에 오르는 것이 더 큰 꿈을 향해 나아가는 길에서 확보해야 할 해안교두보입니다.

마찬가지로 운동 선수에게는 국가대표로 선발되는 것, 골퍼나 바둑 기사에게는 '프로'의 명칭을 따는 것, 학자에게는 학위를 받는 것, 의료인에게는 의사면허를 따는 것, 발명가에게는 상업적으로 히트할 발명 특허를 내는 것, 기업가에게는 첫 히트상품을 출시하는 것, 기술인에게는 기술사자격증, 법조인이나 관료가 되려는 사람에게는 고시 합격, 정치인에게는 첫 당선, 군인에게는 장군 진급, 그리고 회사원에게는 중역이 되는 것 등, 말하자면 이 모든 것이 해안교두보입니다.


그러나 해안교두보를 구축해야 하는 전략적 요충지점엔 반드시 완강한 저항군이 버티고 있기 마련입니다. 돌파해야 할 단단한 옹벽이 있다는 뜻입니다. 지식의 벽, 기술의 벽, 기량의 벽, 편견의 벽, 사고력의 벽, 자기극복의 벽, 신체조건의 벽, 출신의 벽, 그리고 자본의 벽 등, 세계를 평범과 비범으로 갈라놓는 셀 수 없이 많은 벽들이 해안과 산등성이와 공중에서 진을 치고 우리를 시험합니다.

난생 처음 보는 무시무시한 옹벽에 놀라거나 당황하거나 의기소침해지는 건 어쩌면 당연한 것인지도 모릅니다. 하지만 우리의 머릿속에 '나에게 어울리는 미래'가 어엿하게 자리 잡고 있고, 우리의 가슴에 멈

출 수 없는 숨결이 있다면 시도하고, 부딪쳐야 합니다. 그 벽이 바윗돌로 만들어졌는지, 계란껍질로 만들어졌는지는 직접 가서 부딪쳐보기 전에는 아무도 모릅니다.

꿈을 현실로 만들기 위해선 '노르망디 상륙작전'을 감행, 해안교두보를 확보해야 합니다.

# Check in Your Dream!

_____년 _____월 _____일

나는 _____

나는 _____

나는 _____

나는 _____

나는 _____

나는 _____

나는 _____

나는 _____

나는 _____

나는 _____

나는 _____

나는 _____

나는 _____

나는 _____

나는 _____

*꿈을 이루기 위해선 아이젠하워처럼*
*해안교두보를 확보하기 위한 노르망디 상륙작전을 감행해야 합니다.*

# "나는 링컨이 아니라
# 포드일 뿐입니다!"

● ● ●

핑계를 찾는 습관
vs
기회를 찾는 습관

제38대 미국 대통령 제럴드 포드Gerald Ford는 뚜렷한 캐릭터를 부각시키지 못했습니다. 그래서 국민들 사이에서 큰 인기를 얻지는 못했습니다. 제35대 대통령인 존 F. 케네디John F. Kennedy 같은 명문가 출신도 아니고 뭔가 뚜렷한 업적을 올리지도 않았기 때문에 '별로 기대할 것 없는 대통령'이라는 비판마저 제기되었습니다. 선거에서 이겨놓고도 진 것이나 다름없는 패배적인 분위기가 자꾸만 그를 괴롭혔습니다. 그런데 그가 취임 연설 서두에서 다음과 같이 말하자 전국에서 폭소가 터졌습니다.

"나는 링컨이 아니라 포드일 뿐입니다!"

'포드'와 '링컨'은 사람 이름인 동시에 자동차 이름이기도 합니다. 포

세상에는 두 종류의 사람들이 있다.
자신이 할 수 있다고 생각하는 사람과
할 수 없다고 생각하는 사람이다.
물론 두 사람의 말이 다 옳다.
결국 그들이 생각하는 대로 될 테니까.

헨리 포드Henry Ford (1863~1947), 미국 기술자·사업가, 포드 자동차의 창업자

산드로 보티첼리Sandro Botticelli, 〈장면, 모세의 청춘Szene Die Jugend des Moses〉, 1481~1482

드 대통령은 상류층의 승용차인 링컨과 대중적 승용차인 포드를 빗대어 자기는 상류층보다는 대중의 대변자라는 사실을 강조했던 것입니다. 그 절묘한 한마디가 웃음과 함께 미국인들의 답답함을 풀어주었으며, 동시에 포드 대통령의 정치적 이미지를 새롭게 부각시켰고, 냉랭하던 여론을 일순간에 반전시켰습니다. 제럴드 포드는 위기에서 기회를 찾아낸 것입니다.

위기에 빠졌다고 해서 낙담하거나 절망하면 아무것도 변화시킬 수 없습니다. 상황을 더욱 악화시킬 뿐입니다. 위기에 빠졌을 때 어떤 선택을 하느냐에 따라 생사가 갈릴 수도 있습니다.


타들어가는 대지에 한 포기 식물이 있습니다. 이 식물은 죽어가는 것일 수도 있고 살아나는 것일 수도 있습니다. 어떻게 생각하느냐에 따라 희망이 있을 수도 있고 없을 수도 있을 것입니다. 결국 선택의 문제겠지요.

개구리 두 마리가 서로 다른 하얀 크림이 담긴 통에 빠졌습니다. 한 마리는 통이 너무 깊고 크림은 너무 미끄럽기 때문에 도저히 통에서 빠져나갈 방법이 없다는 결론을 내렸습니다. 그래서 녀석은 일찌감치 '나는 여기서 죽을 운명이었구나. 이런 통에 빠졌다면 당연히 죽을 운명인거지' 하고 자신의 불운을 슬퍼하며 그대로 익사했습니다.

그러나 또 다른 통에 빠진 한 마리는 결코 죽고 싶지 않았습니다. 그래서 녀석은 크림 위에 떠있기 위해 심하게 몸부림치면서 한순간도 멈추지 않고 헤엄을 쳤습니다. 몇 시간 후, 녀석의 몸부림 때문에 크림은 버터가 되어버렸고, 녀석은 버터 위에 앉아 휴식을 취한 후 무사히 크림 통을 빠져나올 수 있었습니다.

생각하는 방식도 습관입니다. 생각의 습관에는 두 가지 타입이 있는데, 기회를 찾는 생각습관과 핑계를 찾는 생각습관이 그것입니다. 진정으로 꿈이 있다면 어떤 상황에 직면하더라도 거기서 주저앉을 핑계거리를 찾지 않습니다. 남을 탓하면서 상황을 비관하지도 않습니다. 오히려 위기에서 기회를 찾는 생각습관을 보여줍니다.

크림을 버터로 만든 개구리, "나는 링컨이 아니라 포드일 뿐입니다!"라고 외친 포드 대통령은 아주 전형적인 기회탐색적 생각습관의 소유자들입니다.

핑계가 아니라 기회를 찾는 습관이야말로 꿈을 현실로 만드는 사람들의 은밀한 코드입니다.

# Check in Your Dream!

_____년 _____월 _____일

나는
_____

나는
_____

나는
_____

나는
_____

나는
_____

나는
_____

나는
_____

나는
_____

나는
_____

나는
_____

나는
_____

나는
_____

나는
_____

나는
_____

생각하는 방식도 습관입니다.
생각의 습관에는 두 가지 타입이 있는데,
기회를 찾는 생각습관과 핑계를 찾는 생각습관이 그것입니다.

# Plus Ultra,
## '더 멀리'는 있다

　1492년에 신대륙을 발견한 크리스토퍼 콜럼버스Christopher Columbus는 유럽을 떠날 때 '더 밀리는 없다'는 뜻의 'Ne Plus Ultra'라고 쓰인 깃발을 뱃머리에 걸었습니다. 콜럼버스를 후원해준 스페인의 여왕 이사벨라의 깃발에 새겨져있던 문장인 'Ne Plus Ultra'는, 당시 세계 최강의 패권국가였던 스페인이 '이미 세계의 모든 땅의 끝까지 다 도달했다'는 의미를 담은 것이었습니다.

　하지만 콜럼버스가 신대륙을 발견하고 돌아왔을 때, 이사벨라 여왕은 깃발에서 'Ne'를 없애 '더 멀리'라는 말만 남겨두었습니다. 그리하여 스페인 사람들의 모토는 'Plus Ultra', 즉 '더 멀리는 아직도 있다'가 된 것입니다.

"썩 꺼져버려!"

"예?"

"너 같은 땅꼬마 말더듬이를 세일즈맨으로 받아줄 얼간이는 이 세상 어디에도 없어! 다른 회사도 마찬가지야. 괜히 바쁜 사람 귀찮게 하지 말고 당장 나가! 다시는 보험 쪽엔 얼씬거리지도 말란 말이야! 알겠냐? 멍청한 녀석 같으니라고!"

마흔일곱 번째 면접에서 떨어진 한 젊은이가 마흔여덟 번째 면접에서 또다시 불합격 판정을 받은 뒤 문을 열고 밖으로 나오려는 순간이었습니다. 그런데 출입문을 열려면 문을 안쪽으로 잡아당겨야 했습니다. 그러다 보니 문이 열리기는 했지만 그는 안쪽으로 두 걸음을 다시 들어서게 되었습니다.

바로 그 순간, 젊은이는 반동을 이용하여 몸을 홱 돌리더니 면접관에게 다시 한 번 소리쳤습니다.

"그런데 선생님, 만일 제가…" 하면서 다시 말을 걸었던 것입니다.

결국 그는 합격했습니다. 면접관은 그렇게 면박을 당하고도 '한 번 더' 시도하는 그의 끈기와 근성을 높이 샀던 것입니다.


보험 세일즈로 약관 27세에 백만장자가 되었으며, 자신의 성공경험을 교육 프로그램으로 만들어 유명한 리더십 교육기관 LMI(Leadership Management International)까지 설립한 폴 메이어Paul Meyer의 일화입니다. 극단의 극단에 하나를 더 보탠 것이 메이어의 성공의 시작이었습니

모든 인간은 자기가 어떤 사람인가에 대해 피할 수 없는 책임이 있다.

장-폴 사르트르Jean-Paul Sartre (1905~1980), 프랑스 작가·사상가

피터 브뤼겔Pieter Bruegel, 〈농부와 둥지 도둑The Peasant and the Nest Robber〉, 1568

다. 무려 마흔일곱 번이나 떨어졌음에도 불구하고 마흔여덟 번째 면접에 나선 것이 플러스 울트라Plus Ultra라면, 뒷걸음질의 반동을 이용하여 몸을 돌린 것은 거기에 또다시 플러스 알파Plus Alpha를 보탠 행동이었습니다.

'나에게 어울리는 미래'라는 대륙을 점령해 들어갈 해안교두보를 확보하기 위해서는 플러스 울트라에 플러스 알파를 보태는 그 이상의 치열함이 필요합니다.

폴 메이어(리더십 컨설턴트, 1928~2009)

"불가능이란 없다"는 부모님의 응원을 받으며 자란 폴 메이어는 보험 설계사로 사회생활을 시작했습니다. 첫 직장인 그곳에서의 현실은 그리 녹록치 않았지만, 27세 때 생명보험 역사상 최고의 세일즈 기록을 세우며 백만장자가 되었습니다. 그 후 인재교육 기관인 LMI(Leadership Management International)를 설립, 이를 통해 수많은 사람들에게 변화의 계기를 마련해주면서 자기계발 분야의 살아있는 전설이 되었습니다. 저작물과 기록물만으로 20억 달러가 넘는 수익을 창출해낸 폴 메이어는 자신의 수익 중 50퍼센트를 기부한다는 원칙을 지키며 세상에 선한 영향력을 전파했습니다.

# Check in Your Dream!

_____년 _____월 _____일

나는
_____

나는
_____

나는
_____

나는
_____

나는
_____

나는
_____

나는
_____

나는
_____

나는
_____

나는
_____

나는
_____

나는
_____

나는
_____

나는
_____

'나에게 어울리는 미래'라는 대륙을 점령해 들어가기 위해서는 콜럼버스처럼,
그리고 폴 마이어처럼 플러스 울트라에 다시 알파를 플러스하는
치열함이 필요합니다.

# 참으려 하기보다
## 즐기는
### 법을 배운다

• • •

과정이 즐겁지 않으면
결과도 공허해진다

세 사람의 석공이 나란히 앉아 같은 도구를 사용하여 똑같은 물건을 만들고 있었습니다.

첫 번째 석공은 햇볕이 너무 뜨겁고 도구가 낡아서 팔이 몹시 아프다고 생각했습니다. 그는 눈살을 찌푸리고 툴툴거리며 일을 하고 있었습니다.

두 번째 석공은 봉급날 받을 급여와, 그의 솜씨에 대해 칭찬받을 일과, 언젠가는 팀장으로 승진할 것을 생각하며 일하고 있었습니다. 그는 힘겨운 노동으로 인한 고통을 참고 또 참으며 오로지 더 나은 미래에 대해서만 생각하고 있었습니다.

세 번째 사람은 그가 들이마시는 신선하고 깨끗한 공기와, 도구를 사용할 때마다 느껴지는 팔의 힘과 세기, 그리고 자신의 손으로 만들고 있는 물건의 정교한 모양새에 감탄하며 일을 하고 있었습니다. 그는 전혀 일을 하고 있는 것이 아니었기 때문에, 과정 그 자체를 즐기며 얼굴에 웃음이 가득했습니다.

위 세 사람 중 어떤 사람이 자신의 궁극적인 목표지점에 도달하리라고 생각합니까? 불평불만을 늘어놓는 사람? 장밋빛 미래를 위해 오로지 참아내는 사람? 혹은 과정 그 자체를 즐기면서 일하는 사람?

세상에는 자신의 목표지점에 이르는 길이 너무나 어렵고 아득하다고 생각하는 사람이 많습니다. 그래서 끝까지 참으면서 언젠가는 그 목표지점에 이르러 그동안 누리지 못했던 것들을 누리며 즐기리라고 다짐하면서 안간힘을 씁니다. 그러나 그런 생각은 잘못된 것입니다. 그러다 보면 목표지점은 점점 더 멀어지고, 나중엔 끝이 어딘지도 알 수 없게 됩니다.

참고 또 참으며 그 먼 훗날의 즐거움을 위해 매일매일 고통스럽게 자기를 이끌어가는 것은 오히려 실패로 가는 지름길입니다.

아무도 가지 않는 낯선 길로 들어서서 중도에 포기하지 않고 끝까지 가기 위해서는 매일의 여정에서 희락喜樂(즐거움과 행복)이 넘쳐나야 합니다. 희락이란, 무언가를 이루기 위해 어려운 일들을 해낸 다음에 찾아오는 감정이 아닙니다. 희락은 목표지점을 향해 가고 있는 바로 지금의 생활에서 우러나오는 감정입니다. 목표지점으로 가는 과정 자체에

당신이 하고 싶은 일을 하라.
그러면 일평생 하기 싫은 일은 하지 않아도 될 테니까.

공자Confucius (BC 551~BC479), 중국 철학자

애나 메리 모지스Anna Mary Moses, 〈농장의 초봄Early Springtime on the Farm〉, 1945

서 즐거움과 행복을 느끼지 못한다면 그곳에 이르기 어렵습니다.

그러니 과정을 즐기는 법을 배워야 합니다. 꿈꾸고, 설계하고, 행동으로 옮기고, 피드백을 하는 그 모든 일련의 활동들이 즐거운 놀이가 되어야 합니다.

"세상에는 자신의 목표지점에 이르는 길이
너무나 어렵고 아득하다고 생각하는 사람이 많습니다.
그래서 끝까지 참으면서 언젠가는 그 목표지점에 이르러
그동안 누리지 못했던 것들을 누리며 즐기리라고
다짐하면서 안간힘을 씁니다.
그러나 그런 생각은 잘못된 것입니다.
그러다 보면 목표지점은 점점 더 멀어지고,
나중엔 끝이 어딘지도 알 수 없게 됩니다"

# Check in Your Dream!

_____년 _____월 _____일

나는 _____

나는 _____

나는 _____

나는 _____

나는 _____

나는 _____

나는 _____

나는 _____

나는 _____

나는 _____

나는 _____

나는 _____

나는 _____

나는 _____

참고 또 참으며 그 먼 훗날의 즐거움을 위해
매일매일 고통스럽게 자기를 이끌어가는 것은 오히려 실패로 가는 지름길입니다.

# 4.

## 유전자
## 스위치를
## 온ON으로!

날 수 없다면 뛰어라.
뛸 수 없다면 걸어라.
걸을 수도 없다면 기어라.
날든 뛰든 걷든 아니면 기든
중요한 것은 앞으로 나아가는 것이다.
_ 마틴 루서 킹

# 강력한
## 의식(Ritual)을
### 거행한다

잠든 유전자들을
깨워 일으킨다

어떤 고등학생들의 동아리 모임에서 그날의 모든 일정을 끝내기 직전에 '3-5-20-3'을 다섯 번씩 외쳐대는 것을 보았습니다. 이는 하루에 혼자 5시간씩 집중적으로 공부할 것이며, 3명의 친구에게 전화로 소식을 전하고, 20분 동안 땀 흘려 운동하고, 5분씩 40세에 도달한 자기의 모습을 머릿속에 그려보겠다는 의미라고 합니다.

자기 나름대로 어떤 의미가 담긴 숫자를 구성해 매일 목이 터져라 외쳐대면 그 소리는 귀를 뚫고 들어오고, 이 귀를 뚫고 들어온 소리를 통해 우리는 목표한 일과 그것을 실제로 행동으로 나타내고 있는 자신의 모습을 머릿속에 그려볼 수 있게 됩니다.

그런 그림이 머릿속에 많이 그려질수록, 그리고 여러 번 반복해서 스쳐 지나갈수록, 그 목표를 달성하고자 하는 마음가짐은 확고해집니다.

그렇게 되면 자기 자신도 모르게 그런 행동을 하게 되어 목표를 달성할 수 있고, 이런 행동들이 쌓여 결국 우리의 꿈, 우리의 비전이 현실로 이루어지는 것입니다. 그들이 '3-5-20-3'을 외치는 것은 아주 진지한 의식(Ritual)을 거행하는 것이라고 할 수 있습니다.

중국에 '와신상담臥薪嘗膽'이라는 고사가 있습니다. 오나라 왕 부차는 아버지를 죽인 월나라 왕 구천에게 원수를 갚기 위해 장작더미를 쌓아 놓고 그 밑에 온갖 불쏘시개들을 집어넣어둔 채 그 위에서 잠을 자며 의지를 불태웠다고 합니다. 그리고 부지런히 군사를 훈련시키며 국력을 길렀습니다. 부차는 결정적인 때가 도래했을 때 일거에 월나라로 쳐들어가 초토화시키고 원수 구천을 사로잡았습니다.

한편, 오나라에 포로로 잡혀온 월나라 왕 구천은 부차가 병들었을 때 원수인 부차의 대변을 씹어 삼키는 연출을 해냄으로써 풀려날 수 있었습니다. 고국에 돌아온 그는 자기 침실의 출입문에 커다란 곰쓸개를 매달아놓고 그 문을 지날 때마다 쓰디쓴 곰쓸개를 혓바닥에 갖다 대고 쓴맛을 보았습니다. 쓰디쓴 맛을 느낄 때마다 원수의 배설물을 삼켰던 일을 상기하면서 어떤 일이 있더라도 그 모욕을 되갚아주리라는 의지를 불태웠습니다. 그 결과 기원전 473년에 다시 오나라로 쳐들어가 원수 부차를 한칼에 베어버릴 수 있었습니다.

의식은 새로운 것이 아닙니다.
이미 수천 년 동안 무수히 많은 사람들이 활용해온 방법입니다.
목표를 향한 의지가 살아 숨쉬도록,
잠자고 있는 유전자들의 스위치를 온으로 시키십시오.
그러면 자기 안에 모든 잠재력이 일시에 폭발하게 될 겁니다.

본문 중에서

카지미르 세베리노비치 말레비치Kazimir Severinovich Malevich, 〈달리기 하는 남자The Running Man〉, 1932~1933

스포츠과학자이자 《몸과 영혼의 에너지 발전소》의 저자인 짐 로허 Jim Loehr는 몇 안 되는 세계 톱 클래스의 프로 테니스 선수들과 나머지 숱한 '평범한' 선수들이 어떤 기준에 의해서 나뉘는지를 알고 싶었습니다. 그래서 로허는 오랜 시간에 걸쳐 세계적인 프로 선수들의 경기 장면이 담긴 테이프를 보고 또 보며 유심히 관찰했습니다. 실망스럽게도 경기가 진행되는 동안 선수들이 보여주는 습관에는 별다른 차이점이 없었습니다. 그러나 경기와 경기 사이에 주목하자 뭔가 뚜렷한 차이점이 보이기 시작했습니다.

톱 클래스의 선수들은 경기 사이의 휴식시간마다 독특한 행동을 보였습니다. 고개나 어깨를 추스르거나, 눈을 지그시 뜨고 어느 한곳을 뚫어지게 보거나, 숨을 고르거나, 혼잣말을 하는 것 같았습니다. 톱 클래스의 선수들은 본능적으로 경기 사이의 짧은 시간 동안 에너지를 최대한 집중시키기 위한 의식을 거행했던 것입니다. 반면 성적이 저조한 선수들에게는 이런 순간적인 의식을 거행하는 습관이 거의 없었습니다.

'3-5-20-3'을 외치는 학생들이나 와신상담의 고사, 또는 '마법의 문장'처럼 특정한 동작이나 행위를 반복함으로써 잠재의식 깊은 곳에서 목표를 향한 의지가 살아 숨쉬게 하는 것, 그래서 잠자고 있는 유전자들의 스위치를 '온ON'시키는 것, 그래서 자기 안에 있는 모든 잠재력이 일시에 폭발하게 하는 것, 그것이 의식(Ritual)입니다. 의식은 새로운 것이 아닙니다. 이미 수천 년 동안 무수히 많은 사람들이 활용해온 방법입니다.

그러나 어떤 목표에 초점이 맞춰진 의식을 정기적으로, 지속적으로 행동으로 나타내는 사람은 매우 적습니다. 당신도 이런 창조적 소수파에 속해보시기 바랍니다.

"특정한 동작이나 행위를 반복함으로써
잠재의식의 깊은 곳에서 목표를 향한 의지가
살아 숨쉬게 하는 것,
그래서 잠자고 있는 유전자들의 스위치를
'온ON' 시키는 것,
그래서 자기 안에 있는 모든 잠재력이
일시에 폭발하게 하는 것,
그것이 의식(Ritual)입니다.
의식은 새로운 것이 아닙니다.
이미 수천 년 동안 무수히 많은 사람들이
활용해온 방법입니다"

# Check in Your Dream!

_____년 _____월 _____일

나는
_____

나는
_____

나는
_____

나는
_____

나는
_____

나는
_____

나는
_____

나는
_____

나는
_____

나는
_____

나는
_____

나는
_____

나는
_____

나는
_____

어떤 목표에 초점이 맞춰진 의식을 정기적으로 지속적으로 거행하는 것은
잠든 유전자를 깨워 춤을 추도록
시그널을 보내는 아주 효과적인 방법 중의 하나입니다.

# 꿈이 담긴 물건을
# 몸에
# 지니고 다닌다

●●●
물건들이 "바로 지금이야.
시작해!"라고 외치게 한다

미국 프로 야구 역사상 가장 빛나는 기록을 보유하고 있는 타자 토니 그윈Tony Gwynn은 여덟 번이나 타격왕 타이틀을 차지했으며, 통산타율 0.339라는 믿기 어려운 기록을 가지고 있습니다. 2007년에는 뉴욕에 있는 '야구 명예의 전당'에 오르기도 했습니다.

2001년에 공식 은퇴를 선언하기 전까지 그윈의 서재에는 각종 야구 경기 실황 테이프들이 산더미같이 싸여있었습니다. 그는 시합을 하기 위해 이동하는 동안에도 두 개의 비디오카메라를 들고 다니며 타석에서의 자신의 동작 하나하나를 편집하여 비디오카메라에 담았습니다.

그는 1분 1초도 낭비하지 않고 스윙 연습을 하거나 동영상을 보는 걸로 유명했습니다. 연습이나 동영상 보기를 잠시 중단할 때가 있다면,

오직 팀 동료들이나 라이벌인 다른 타자들과 타격에 대한 의견을 나눌 때뿐이었습니다.

그윈에게는 어지간해서는 '이만하면 됐다'는 것이 없었고, 타격은 그의 즐거움 그 자체였습니다. 사교모임에 참석할 때도 주머니 밖으로 늘 배팅글러브가 삐죽삐죽 고개를 내밀고 있었다고 합니다. 스윙 연습, 동영상 보기, 타격에 대한 의견교환, 이 세 가지 가운데 어느 하나도 할 수 없을 경우에는 탁구라도 쳐서 눈과 손동작의 연결 능력을 높이려 애쓰는 식이었습니다.


아무리 멋진 꿈이 있다 해도, 그것이 꼭 행동으로 연결된다는 보장은 없습니다. 꿈을 이루기 위해 어떤 대가라도 치르겠다고 각오를 다지고 결심을 해봐도, 어느 순간에는 하기 싫어지거나 귀찮아질 때가 있습니다. 생각은 굴뚝같은 데 어디서부터 어떻게 시작해야 할지 도무지 실마리가 잡히지 않아 멍하니 있을 때도 있습니다. 그럴 때 필요한 것이 바로 그윈이 갖고 다니던 비디오카메라와 주머니 속의 배팅글러브입니다. 이런 물건들은 힌트와 상징이 되어 우리를 향해 "바로 지금이야. 시작해! 큐! 큐! 큐!"라고 외칩니다.

늘 가지고 다니는 수첩이나 액세서리를 보며 매 순간 결의를 강화하십시오. 굳은 결심을 하며 의지를 다졌던 어느 바닷가에서 주워온 동그란 조약돌도 좋고, 소중한 사람에게서 '힘을 내라'는 메시지와 함께 선물로 받은 작은 열쇠고리도 좋습니다. 늘 곁에서 나에게 힘을 주고 결

인간은 운명의 포로가 아니라
자기 마음의 포로일 뿐이다.

프랭클린 루즈벨트Franklin Roosevelt (1882~1945), 미국 제32대 대통령

한스 토마Hans Thoma, 〈머큐리Mercury〉, 19th Century

심을 새롭게 해주는 것이라면 무엇이든 상관없습니다. 자주 꺼내보고 만져보며 가슴을 뛰게 하기만 하면 됩니다.

그날의 결심을 적은 작은 메모지를 주머니에 넣고 다니십시오. 바지 주머니에 손만 넣으면 당신의 촉각이 자극되게 하십시오. 어떤 사람은 그런 것을 넣고 다니기 위해서 반드시 주머니가 달린 옷만 입는다고 합니다. 열거나 켜기만 하면 "큐!" 소리가 나오는 장치를 문이나 스탠드에 설치하면 어떨까요? 꿈과 관련된 것이라면 무엇이라도 보고, 듣고, 손에 닿게 옆에 두십시오. 하나의 키워드에 20년 동안 줄기차게 집중하기 위해서는 우리를 둘러싸고 있는 모든 것들이 우리를 향해 "큐!"를 외치게 해야 합니다.

토니 그윈(메이저리그 야구 선수, 1960~2014)

토니 그윈은 통산 타율 0.338, 8번의 타격왕, 통산 3,141 안타를 기록할 정도로 메이저리그 역사상 가장 정교하고 꾸준한 타자였습니다. 그의 야구 인생이 평탄한 것만은 아니었습니다. 손목 부상과 무릎 부상 등에 따른 좌절도 있었습니다. 하지만 그는 끊임없는 자기관찰과 반성으로 메이저리그 역사상 가장 정교하고 꾸준한 타자가 되었으며, 제2차 세계대전 이후 활동한 선수들 중 가장 뛰어난 은퇴 기록을 보유하며 2007년 야구 명예의 전당에 헌액되었습니다.

# Check in Your Dream!

_____년 _____월 _____일

나는
_____

나는
_____

나는
_____

나는
_____

나는
_____

나는
_____

나는
_____

나는
_____

나는
_____

나는
_____

나는
_____

나는
_____

나는
_____

나는
_____

나는
_____

우리를 향해 "바로 지금이야. 시작해! 큐! 큐! 큐!"라고 외쳐주는,
꿈이 담긴 물건을 지니고 다니는 것은 진정한 프로의 모습 중 하나입니다.

# 꿈을
# 심장에
# 얹어놓고
# 다닌다

●●●
나를 지탱해주는
영적 에너지의 지갑
(영혼에 산소를 공급하는 장치)

저의 스승이시자 한남 대학교 총장과 세계대학총장협의회 사무총장을 역임한 이원설 박사는 기독교 지식인들의 리더였습니다. 그는 앞에서 소개했던 〈꿈을 향한 전략지도〉를 작성하여 이야기의 주인공이기도 합니다.

저는 약 40년 동안 이원설 박사에게서 배우고 그의 행동을 지켜보며 한 가지 특이한 점을 발견했습니다. 즉, 그의 몸에서 성경 책이 떠나는 것을 한 번도 본 적이 없다는 것입니다. 목욕을 하거나 수영을 할 때가 아니라면 그의 손엔 반드시 성경 책이 쥐어져있었습니다. 그에게는 스마트폰 크기의 《성경전서》가 있었습니다. 신구약 전부가 수록되었는데도 딱 스마트폰 크기였던 것입니다. 그런 크기에 그런 방대한 내용이 수록될 수 있다는 것도 놀랍지만, 그것을 마치 살아있음의 상징처럼 지니고 다니는 모습이 너무도 인상적이었습니다.

합숙 행사에 참가하거나 단체여행을 할 때도 혼자 조용히 있는 시간이면 그는 어김없이 그 〈존재증명서〉를 꺼냈습니다. 그리고 자기가 현재 하고 있는 일의 현실 상황과 가장 유사한 스토리를 찾아 읽으며 거기서 어떤 영적 메시지를 발견하려고 집중하곤 했습니다. 그리고 "현재의 이슈에 대한 성경적 처방은 이런 것이다" 하고 사람들에게 제시하곤 했습니다.

언젠가 제가 질문했습니다.

"이렇게 작은 글씨가 보이십니까?"

"그럼, 보이지. 다른 책들의 건 안 보여도 이 책 건 보여."

"365일 24시간 이걸 지니고 다니세요?"

"음, 그런 셈이지."

"그런데 언제부터 이 성경 책을 지니고 다니셨어요?"

"글쎄…, 한 30년 되었겠지."

"이걸 빼놓고 다니시면 어떤 느낌이 드세요?"

"그런 적은 한 번도 없었기 때문에 뭐라고 해야 할지 모르겠지만, 하여간 나에게 있어서 이 작은 책이 인생의 자본이요, 기술이요, 에너지의 원천이거든. 난 이걸 지니지 않으면 나를 지탱하던 어떤 영적 에너지가 빠져나가는 것 같은 느낌을 받게 될 거야. 마치 삼손이 머리털을 잘리는 순간 그의 기운이 빠져나간 것처럼 말이지."

기도하는 손이 가장 깨끗한 손이요,
가장 위대한 손이요,
기도하는 자리가 가장 큰 자리요,
가장 높은 자리로다.

알브레히트 뒤러Albrecht Dürer (1471~1528), 독일 조각가·화가·판화가

알브레히트 뒤러Albrecht Dürer, 〈기도하는 손Praying Hands〉, 1508

이원설 박사는 대답하면서 조용히 눈을 감았습니다. 내가 짐작하기로는 아마도 1950년 전쟁 통에 인민재판을 받고 총살당하기 직전에 기적적으로 달아나 영산강을 헤엄치며 쳐다본 그 무수한 별들, 그 별들 한가운데서 미소 짓던 '하나님의 얼굴'을 떠올리고 있었을 것입니다. 그리고 그 순간 다짐하면서 했던 말, "나를 당신의 도구로 받아주소서!"를 속으로 외치고 있었을 것입니다.

그 작은 책이 그의 존재의 이유이며 생명이며 꿈이었습니다. 그는 숨 쉬는 모든 순간에 그 꿈을 놓치지 않으려 했습니다. 그래서 꿈을 심장에 얹어놓고 살았습니다. 그리고 그 꿈을 현실로 만들었습니다.

이원설(한남 대학교 8~9대 총장 겸 교육자, 1930~2017)
이원설은 일제강점기와 한국전쟁 같은 시대적 아픔 속에서도 끝까지 배움의 끈을 놓지 않았습니다. 황해도 출신이었던 이원설은 광복 후 교회 장로의 아들이라는 이유로 중학교 진학을 못하게 되자, 홀로 38선을 넘어와 부잣집의 심부름꾼으로 생활하면서 주경야독하며 배움을 이어갔습니다. 종전 후 그는 미국 유학길을 떠나 웨스턴 리저브 대학교에서 역사학 박사학위를 취득하여 귀국하였고, 34세 때 최연소 문교부 고등교육국장, 경희 대학교 부총장, 한남 대학교 8~9대 총장을 역임하며 한국 기독교와 교육 분야에 자신의 삶을 바쳐온 이 시대의 신실한 기독교인이자 진정한 교육자였습니다.

# Check in Your Dream!

_____년 _____월 _____일

나는
_____

나는
_____

나는
_____

나는
_____

나는
_____

나는
_____

나는
_____

나는
_____

나는
_____

나는
_____

나는
_____

나는
_____

나는
_____

나는
_____

나는
_____

꿈을 이루는 사람들은 24시간 365일 주머니 속에
영적 에너지의 지갑을 지니고 다닙니다.

# '메카'를
방문한다

"우리 네 형제는 모두 연년생이었습니다. 우리가 커가면서 집이 너무 좁아졌지만 당시 아버지 월급으로는 생활하기도 빠듯한 상황이었어요. 그러던 어느 날 오후, 어머니가 학교로 우릴 데리러 오셔서는 느닷없이 집을 지을 거라고 하셨어요. 우린 집 짓는 방법을 아시느냐고 물었죠. 그랬더니 어머니는 배우면 된다고 말씀하셨어요.

그리고 어머니는 정말 벽돌공, 전기공, 배관공을 직접 찾아가 집 짓는 데 필요한 기술을 배워오셨어요. 곡괭이와 삽을 들고서 손수 연못을 파고, 벽돌을 쌓고, 전기 배선을 깔고, 배관을 설치했어요. 혼자서 하시기에 벅찬 일은 아버지가 밤늦게 퇴근하셔서 도와주셨지요."

미국 플로리다 주 검찰총장을 네 번이나 연임하고 1993년 빌 클린턴 대통령에 의해 미국 최초의 여성 법무장관으로 임명된 재닛 리노

Janet Reno가 상원 법사위원회에서 열린 임명비준 청문회에서 "당신에게는 과연 법무장관에게 요구되는 결단력이 있다는 것을 어떻게 증명하겠습니까?"라는 질문에 대한 답변에서 밝힌 일화입니다. 리노 가족은 1948년부터 2년 동안에 걸쳐 직접 집을 지었다고 합니다. 그녀는 가족이 힘을 합쳐 집을 지어본 경험에 다음과 같은 의미를 부여했습니다.

> "그 후로 우린 계속 그 집에서 살고 있습니다. 전 힘든 문제에 부딪치거나 곤경에 빠졌을 때 집으로 돌아가는 길 입구에 서서 우리 집을 봅니다. 그 집은 올바른 일을 하고자 한다면, 그리고 그 일이 내가 정말 원하는 일이라면 해낼 수 있다는 것을 보여주는 산 증거인 셈이거든요."

어린 시절 재닛 리노가 살던 집은 단순히 먹고 마시며 휴식을 취하는 장소가 아니었습니다. 그곳은 옳은 일 그리고 정의를 위해 헌신코자 하는 그녀의 꿈이 잉태된, 그 꿈을 가꾸고 성장시킨 둥지, 그 꿈의 '메카'였습니다.

중대한 선택이나 결단의 고비에서 자신의 꿈이 탄생한 곳을 방문하는 것은, 자기는 누구고 어디서 출발했으며, 어디로 가는 중이라는 사실을 새삼 일깨워주는, 본연의 꿈에서 벗어나지 않게 하는 좋은 방법입니다.

중요한 결단이나 선택의 고비에 다다랐을 때마다
자신의 꿈이 잉태된 장소를 방문하라.

폴 고갱Paul Gauguin, 〈퐁 타방 풍경Landscape at Pont Aven〉, 1888

재닛 리노(전 미국 법무장관, 1938~2016)

재닛 리노는 2016년 파킨슨병으로 세상을 떠난 미국 최초의 여성 법무장관입니다. 1993년 법무장관으로 지명되기 전 그녀는 이미 마이애미에서 검사장을 네 번이나 연임해 실력을 인정받았습니다. 재임 기간 중 최악이었던 사고는 텍사스 주의 웨이코 마을에 있던 사교 조직이 불법 폭발물을 가지고 있다는 제보를 받고 진압하는 과정에서 벌어진 것이었습니다. 두 달 동안이나 이어진 진압 작전에서 발생한 인명 사고에 대해 그녀는 끊임없이 공화당의 공격을 받게 됩니다. 하지만 그녀는 이에 굴하여 사퇴하지 않았고, 결국 최장수 장관으로 기록되었습니다.

# Check in Your Dream!

_____년 _____월 _____일

나는
_____

나는
_____

나는
_____

나는
_____

나는
_____

나는
_____

나는
_____

나는
_____

나는
_____

나는
_____

나는
_____

나는
_____

나는
_____

나는
_____

중대한 선택이나 결단의 고비에서 자신의 꿈이 탄생한 곳을 방문하는 것은,
본연의 꿈에서 벗어나지 않게 하는 좋은 방법입니다.

# 꿈을 담은 그림

● ● ●
그림이 지닌 막강한 힘으로
나를 행동하게 한다

한 젊은이가 미국 LA로 유학을 가서 박사학위 논문을 쓰고 있었습니다. 아르바이트로 생계를 유지하느라 고되지만, 제대로 된 논문을 쓰고자 최선을 다하고 있었습니다.

최종심사 단계에 이르자 그는 논문에 좀 더 많은 시간을 할애해야 했습니다. 그러자니 생활비를 벌기 위해 일하는 시간이 모자랐고, 아기에게 우유도 충분히 사 먹일 수 없을 만큼 빠듯해졌습니다. 끝이 보이지 않는 공부에 앞날은 막막하고 생활도 너무나 고생스러워서 '차라리 논문을 포기하고 직업전선에 뛰어들까?' 하는 생각에 마음이 흔들리기도 했습니다.

바로 그때 한국에 계신 모교 교수님으로부터 전화가 걸려왔습니다. 며칠 후 LA에 갈 예정이니 만나자는 것이었습니다. 그는 공항으로 달려가 옛 스승을 맞이했습니다.

젊은이의 스승은 그의 사정을 눈치채고는 100달러짜리 지폐 두 장을 그에게 건넸습니다. 그는 거듭 사양했지만 교수님이 워낙 간곡하게 받으라고 하시는 바람에 결국 받을 수밖에 없었습니다.

집으로 돌아온 젊은이는 그 돈을 액자에 넣어 식탁 위에 올려놓았습니다. 그는 그날부터 논문을 포기한다는 말을 일절 꺼내지도 않았고, 마음이 흔들리거나 나태해질 때마다 식탁 위에 놓인 액자를 바라보며 스승의 인자하고 온화한 미소를 떠올렸습니다. 그는 의지가 꺾일 때마다 액자에 끼워둔 200달러를 바라보며 각오를 새롭게 했습니다. 그러면서 처음 한국을 떠나올 때 각오했던 바를 되새기곤 했습니다.

젊은이는 결국 분발에 분발을 거듭하며 열심히 일하고 열심히 연구한 끝에 박사학위를 받을 수 있었습니다. 지금은 미국 현지에서 라디오 방송을 진행하는 등 왕성한 활동을 하고 있습니다. 결국 스승이 선물한 200달러는 2만, 아니 20만 달러 이상의 힘을 그에게 주었던 것입니다.

그림은 마음을 열어줍니다. 말 없이 다가옵니다. 무언가를 묻고 고백하고, 무엇이 걱정되며 또한 무엇이 마음을 무겁게 하고 있는지를 털어놓고 이야기할 수 있는 친구가 되어주기도 합니다. 특히 중요한 고비 또는 갈림길에 섰을 때 무엇 때문에 갈등하고 있는지를 마음을 열고서 의논할 수 있는 멘토가 되어주기도 합니다. 그래서 그림 속의 인물에게도

나는 할 수 있다.  나는 해낸다.
나에게는 저력이 있다.
나에게는 오직 전진뿐이다.
이런 신념을 지니는 습관이 당신의 목표를 달성시킨다.
당신의 길을 가라. 사람들이 뭐라 떠들든 내버려두어라.

단테 알리기에리Dante Alighieri (13세기), 이탈리아 시인

카스파르 다비드 프리드리히Caspar David Friedrich, 〈항구의 풍경View of a Harbour〉, 1815~1816

"당신이라면 어떻게 하시겠습니까?"라고 질문할 수도 있게 됩니다.

프랭클린 루즈벨트Franklin Roosevelt 대통령은 에이브러햄 링컨 Abraham Lincoln 대통령의 초상화를 바라보며 그렇게 했습니다. TV 드라마 〈베토벤 바이러스〉의 주인공 강마에도 베토벤의 초상화를 보며 그렇게 말하더군요. 눈에 잘 띄는 곳에 당신의 꿈을 담은 그림을 붙여놓아 그 그림이 당신에게 소리 없는 격려의 말을 하게 하는 건 어떨까요?

"꿈을 이루기 위해 미지의 세계로
나아가는 과정에 있는 사람에게는
언제라도 편안하게 소통할 수 있는
누군가가 있어야 합니다.
무언가를 묻고 고백하고, 무엇이 걱정되며
또한 무엇이 마음을 무겁게 하고 있는지를
털어놓고 이야기할 수 있는
누군가가 있어야 합니다"

# Check in Your Dream!

_____년 _____월 _____일

나는 _____

나는 _____

나는 _____

나는 _____

나는 _____

나는 _____

나는 _____

나는 _____

나는 _____

나는 _____

나는 _____

나는 _____

나는 _____

나는 _____

나는 _____

꿈을 담은 그림을 붙여놓고 그림과 대화를 해서,
그림이 소리 없는 격려의 말을 들려주게 하는 것은 어떨까요?

# 자기재조직의
날

● ● ●

꿈이라는 호텔에
정기적으로 체크인한다

어떤 사람이 미국에서 가장 성공한 사람, 즉 미국을 실질적으로 이끌어가고 있는 500명의 명단을 작성했습니다. 그러고는 그들의 생활이 보통사람들의 생활과 어떻게 다른지 관찰했습니다.

그 500명 가운데는 이스트만코닥의 조지 이스트만George East- man, 질레트 면도기의 창업자 킹 질레트King Gillette, 발명왕 토머스 에디슨 Thomas Edison, 제26대 대통령 시어도어 루스벨트Theodore Roosevelt, 제 28대 대통령 우드로 윌슨Woodrow Wilson, 식물학자 루서 버뱅크Luther Burbank, 벨 텔레폰의 창업자 알렉산더 그레이엄 벨Alexander Graham Bell, 제너럴일렉트릭의 에드윈 반스Edwin Barnes 등의 이름이 들어있었습니다.

이들의 생활에서 나타난 공통적인 사실 한 가지는, 그들은 무엇을 행동으로 옮기기 전에 '목표'에 맞춰 계획을 세우고, 이에 많은 시간을 쓴 다는 것이었습니다.

목표 설정을 위한 '자기재조직의 시간'을 확보하는 사람도 발견되었 습니다. 즉, 목표 설정을 위해 시간을 따로 비워두는 것이 성공의 비결 임이 입증된 것입니다.

매주 정기적으로 '아무와도 연락이 닿지 않는 완전한 고립의 시간'을 내십시오. 그리고 이 시간을 '자기재조직의 시간'으로 확보하는 것입니 다. 이것이야말로 비전을 행동으로 전환하기 위해 나태해지거나 소홀 해지지 않도록 우리 몸의 유전자 스위치를 온ON의 상태로 유지하는 방 법입니다.


꿈을 현실로 만드는 사람들의 또 하나의 특징은 '결심은 재빨리 하되 변심은 느림보처럼 한다'는 것입니다. 반면에 실패하는 사람들은 예외 없이 결심은 느림보처럼 하고 변심은 아주 재빨리, 그것도 매우 자주 한다는 특징이 있습니다.

성공자들의 결단이 재빠르다는 것은, 신중하게 검토해보지도 않고 경솔하게 행동한다는 뜻이 결코 아닙니다. 결단을 내려야 할 시기를 놓 치지 않는다는 의미입니다. 아무리 최선의 선택이라도 결단을 해야 할 타이밍을 놓치면 그 효과는 반감됩니다.

결단을 재빠르고 명료하게, 하지만 일단 결심했다 하면 요지부동인 성공자 중 대표적인 사람이 바로 자동차왕 헨리 포드Henry Ford입니다.

당신이 지금 달린다면 패배할 가능성이 있다.
하지만 달리지 않는다면 당신은 이미 진 것이다.

버락 오바마Barack Obama (1961~ ), 미국 제44대 대통령

일리야 레핀Ilya Repin, 〈미하일 글린카Mikhail Glinka〉, 1887

그는 유명한 고집불통의 사나이였습니다. 그러나 그 고집이 행운의 열쇠가 되었습니다. 모든 자문위원들, 디자이너들, 소비자들이 세계에서 가장 못생긴 자동차인 T형 포드 차의 모델을 바꾸라고 권유했지만 포드는 요지부동이었습니다. 그가 만약 주변의 말에 따라 쉽사리 모델을 변경했다면, 그렇게 많은 돈을 벌지는 못했을 거라는 게 역사가들의 평가입니다.

선택은 신속히 하되, 한번 결정했으면 쉽사리 번복하지 않는 결단력, 그것 역시 정기적인 자기재조직의 시간을 확보하는 데서 생겨나는 것입니다. 자기재조직의 시간을 갖는 것은 유전자 스위치를 온ON으로 유지하는 아주 효과적인 방법 중의 하나입니다.

"매주 정기적으로
'아무와도 연락이 닿지 않는
완전한 고립의 시간'을 내십시오.
그리고 이 시간을
'자기재조직의 시간'으로
확보하는 것입니다"

# Check in Your Dream!

_____ 년 _____ 월 _____ 일

나는
_____

나는
_____

나는
_____

나는
_____

나는
_____

나는
_____

나는
_____

나는
_____

나는
_____

나는
_____

나는
_____

나는
_____

나는
_____

나는
_____

정기적으로 자기재조직의 시간을 갖는 것은
유전자 스위치를 온ON으로 유지하는 아주 효과적인 방법 중의 하나입니다.

5.

입을 열어야
길이
열린다

찾아가야 합니다.
입을 열어야 합니다.
무엇을 하고 싶다고, 어떻게 도와달라고
구체적으로 말해야 합니다.
거절당하는 것을 두려워할 필요는 없습니다.
손해 볼 것도 없습니다.
당신을 돕기 위해 준비된 사람이 더 많습니다.

# 입을 열어야
# 길이 열린다

● ● ● ●

"에디슨 선생님,
저는 선생님의
공동사업자가 되고 싶습니다"

에디슨은 발명가이자 성공한 사업가였습니다. 그리고 그의 발명품들을 시장에 내놓고 사업으로 성공시킨 배후 인물 중에 에드윈 반스Edwin Barnes라는 공동사업자가 있었습니다.

반스가 에디슨과 공동사업을 해야겠다는 꿈을 가졌을 때, 그의 마음은 주체할 수 없는 격정으로 들끓었습니다. 다른 것은 아예 보이지도 않았고, 머릿속에는 오직 에디슨의 동업자가 되어있는 모습밖에 없었습니다.

그렇지만 에디슨의 공동창업자가 되기 위해 어떻게 해야 할지 생각하니 막막하기만 했습니다. 특히, 두 가지 크고 어려운 문제가 그의 앞을 가로막고 있었지요. 그중 하나는 에디슨과 전혀 안면이 없을 뿐만 아니라 소개해줄 사람도 없다는 것이었고, 또 다른 하나는 에디슨의 발

정말 어려운 일은
자기 자신을 아는 것이다.

탈레스Thalēs (BC 645~BC 545), 고대 그리스 철학자

라파엘Raphael, 〈아테네 학당School of Athens〉, 1511

명연구소가 있는 뉴저지 주까지 갈 기차비가 없다는 것이었습니다.

이런 상황에서는 일반적인 사람들은 낙심하여 자신의 목표를 쉽게 포기해버릴 것입니다. 그러나 반스의 꿈은 그렇게 쉽사리 사그라지는 것이 아니었습니다. 그는 석탄을 운반하는 화물차에 몸을 던져 일주일 동안 석탄더미와 함께 지내며 뉴저지에 도착하였고, 마침내 에디슨을 만났습니다.

에디슨과의 첫 만남에서 반스는 다짜고짜 "에디슨 선생님, 저는 선생님과 공동사업자가 되고 싶습니다"라고 말했습니다. 그때 그의 몰골은 영락없는 거지 행색이었지만 눈빛만은 굳은 결의로 빛나고 있었습니다. 에디슨은 그런 반스의 결단과 패기에 끌려 연구소에서 함께 일하도록 허락했습니다.

처음에 반스는 에디슨 연구소의 그저 평범한 임금노동자에 지나지 않았습니다. 그러나 그는 단 한 번도 자신의 일이 따분하다고 생각하지 않았습니다. 그리고 항상 에디슨의 동업자가 되고 말겠다는 다짐을 거듭했습니다. 그러한 마음가짐은 그의 용모에까지 영향을 미쳤습니다. 정말 에디슨의 공동경영자로서의 이미지가 얼굴에 나타나기 시작한 것입니다.

그러던 중 에디슨이 신제품인 녹음기(Dictating Machine)를 완성했습니다. 연구소의 다른 세일즈맨들은 이 신제품에 별로 관심을 보이지 않았습니다. 그러나 반스는 이것이야말로 절대절명의 기회라고 판단했습니다. 그래서 에디슨을 찾아가 녹음기 판매를 맡게 해달라고 간청하여 허락을 받아냈습니다.

결과는 대성공이었습니다. 녹음기는 날개돋친 듯 팔려나갔습니다. 나중엔 몇 대나 판매했는지 파악하는 게 불가능할 지경이었습니다. 반스는 많은 돈을 벌었고, 마침내 에디슨의 동업자가 되어 제너럴일렉트릭을 공동창업했습니다.

반스에게는 뚜렷하고 생생한 꿈이 있었고, 그 천 리 길을 달려가 에디슨을 만났습니다. 그리고 자신의 꿈을 말했습니다.

입을 열어야 길이 보입니다.

에드윈 반스(기업가, 1878~1952)

에드윈 반스는 성공철학의 거장 나폴레온 힐이 쓴 《부의 비밀 Think and Grow Rich》이라는 책에 등장하면서 세상에 알려지게 되었습니다. 에드윈 반스는 원래 돈을 많이 버는 사업가도 아니었고, 에디슨처럼 아이디어가 넘치는 사람도 아니었습니다. 하지만 그에게는 반드시 성공하겠다는 비범한 결의가 있었습니다. 목표를 분명하게 세우고 절대 포기하지 않았습니다. 이러한 마음가짐 덕분에 그는 에디슨의 동업자가 되었고, 1951년 은퇴할 때까지 뉴욕과 플로리다 주를 오가며 성공한 사업가의 삶을 살았습니다.

# Check in Your Dream!

_____년 _____월 _____일

나는 _____

나는 _____

나는 _____

나는 _____

나는 _____

나는 _____

나는 _____

나는 _____

나는 _____

나는 _____

나는 _____

나는 _____

나는 _____

나는 _____

나는 _____

반스에게는 뚜렷하고 생생한 꿈이 있었고,
천리 길을 달려가 에디슨을 만났습니다.
그리고 자신의 꿈을 말했습니다. 입을 열어야 길이 보입니다.

"아저씨,
제가 그런 꿈을 또
품어도 될까요?"

● ● ●

꿈을 이룬 사람에게
대놓고 말을 건다

1920년 벨기에의 안트베르펜에서 열린 올림픽 100미터 달리기에서 미국 육상 선수 찰리 패덕Charlie Paddock은 10.8초라는 세계 신기록으로 금메달을 목에 걸었습니다. 유명해진 그는 자신의 모교인 클리블랜드의 한 중학교에서 강연을 했습니다.

"친애하는 후배 소년 소녀 여러분,  나는 여러분 같은 소년 시절부터 사람들이 입만 벌리면 '꿈의 무대'라고 말하는 저 올림픽에 가서 내가 만약 금메달을 목에 걸 수만 있다면 나의 이름이 온 세계에 다 알려지는 것은 물론이고, 더 크게는 우리의 모교, 이 클리블랜드 중학교의 이름이 전 세계에 다 알려질 것이며, 더 크게는 우리의 조국 미국의 명예가 세계만방에 높이높이 올라갈 수 있으리라는 꿈, 그런 찬란한 꿈을 간직하고 살았습니다. 그리고 내가 그 꿈을 이루기 위해서는 아마도 엄청난 열정을 쏟아부어야 할 것이라고 짐작했습니다. 그래서 나는, 내가 짐작한 바로 그만큼의 열정을 다 쏟아부었습니다. 그렇게 했더니, 여러분이 보시는 바와 같이 이렇게 금메달을 목에 걸었고 유명한 사람이 되어서 여러분 앞에서 이런 강연을 하게 되었습니다."

이런 식으로 자기소개를 마친 그가 갑자기 목소리를 높였습니다.

"그런데, 바로 지금 이 순간 내 말을 듣고 있는 여러분 중 누군가가 전에 내가 꾸던 꿈, 즉 올림픽에서 금메달을 따리라는 꿈을 가진다면, 그리고 그 꿈을 위해 내가 쏟아부었던 바로 그만큼의 열정을 또 쏟아붓는다면, 그 또한 나와 똑같은 금메달리스트가 되지 말란 법이 어디 있겠습니까?"

강연을 마친 찰리 패덕이 강당을 빠져나오기 직전 한 소년이 달려와 이렇게 물었습니다.

"선배님, 제가 지금부터 선배님이 가졌던 그 꿈, 올림픽 100미터 달리기 금메달리스트가 되는 꿈을 품는다면, 저도 선배님처럼 꿈을 이룰 수가 있을까요?"

찰리 패덕은 그 소년의 어깨를 두드려주고 악수를 하면서 격려했습니다.

"물론이다, 애야. 너는 할 수 있다! 이렇게 달려와서 나에게 말을 걸 만큼 용기가 있다면 너는 분명히 해내고 말 사람이다."

친구는 행복한 삶으로 나아가는 길에서
서로 도와야 하는 길동무와 같다.
우정은 두 개의 육신에 깃든 하나의 영혼이다.

피타고라스Pythagoras (BC580~BC500), 고대 그리스 철학자·수학자·사상가

샤를 죠제프 나트워르Charles-Joseph Natoire,
〈멘토르의 조언을 경청하는 텔레마커스Télémaque écoutant les conseils de Mentor〉, 1740

그 소년은 1936년 베를린 올림픽 100미터 달리기 종목에서 찰리 패덕의 기록을 0.5초 단축하며 세계 신기록을 갱신하고, 아울러 200미터 달리기, 400미터 계주, 넓이뛰기 등 육상 부문 4관왕이 되었습니다. 미국의 영웅, 전설이 된 것입니다. 그가 바로 육상 영웅 제시 오언스Jesse Owens였습니다.

그런데 그 제시 오언스가 고향에 돌아와 또다시 같은 학교 같은 강당에서 강연을 했습니다. 그가 강연을 마치고 돌아설 때 또 다른 한 소년이 오언스에게 다가와 물었습니다.

"아저씨, 저도 아저씨가 이룬 꿈을 이루고 싶어요. 제가 감히 그런 꿈을 품어도 될까요?"

제시 오언스는 자신이 찰리 패덕을 만났을 때를 회상하며 말했습니다.

"물론이다. 그렇게 하여라. 그 꿈을 위해 네게 있는 모든 열정을 아낌없이 쏟아붓는다면 너도 분명히 올림픽 금메달리스트가 될 수 있다!"

결국 그 소년 해리슨 딜러드Harrison Dillard도 역시 1948년 런던 올림픽에서 금메달을 목에 걸었습니다.


육상 선수들뿐만이 아닙니다. 미국 제42대 대통령 빌 클린턴Bill Clinton은 고등학교 3학년 때 제35대 대통령 존 F. 케네디와 악수를 했기 때문에 대통령이 될 수 있었다고 말한 바 있습니다. 바로 그 1년 전에는 같은 장소에서 한국 고3 학생 한 명이 케네디를 만나고 외교관이 되기로 결심했으며, 후일 다시 사무총장이 되었습니다.

　작가가 되기 위해선 작가와 만나고, 1인자가 되기 위해선 1인자에게서 직접 배워야 합니다. 마찬가지로 꿈을 이루기 위해선 이미 꿈을 이룬 사람과 만나야 합니다. 만나서 말을 걸어보고, 대답을 들어보고, 악수도 하고, 사진도 남겨보십시오. 밝은 빛이 보이고 길이 열릴 수 있습니다. 앞이 보이지 않습니까? 꿈을 잉태하고 싶습니까? 당신이 따르고 싶은 이에게 말을 걸어보십시오.

"작가가 되기 위해선 작가와 만나고,
1인자가 되기 위해선
1인자에게서 직접 배워야 합니다.
꿈을 이루기 위해선
이미 꿈을 이룬 사람과 만나야 합니다"

### 찰리 패덕(육상 선수, 1900~1943)

찰리 패덕은 영화배우로도 활동했던 미국의 육상 선수입니다. 그는 항상 최고의 육상 선수가 되겠다는 목표를 가지고 있었습니다. 그가 1920년에 세운 기록은 1936년에 제시 오언스에 의해 갱신되기 전까지 유지되었습니다. 패덕이 자신처럼 최고의 육상 선수가 되기를 꿈꾸던 제시 오언스에게 자신이 가진 육상 기술을 남김없이 전수해준 덕분이었습니다. 어렵게 일구어낸 성공의 길을 자신과 같은 꿈을 꾸는 후배들에게 온 마음을 다해 나누어준 그는 진정으로 존경할 만한 멘토로 영원히 살아있습니다.

### 제시 오언스(육상 선수, 1913~1980)

찰리 패덕의 후계자이자 최고의 육상 선수로 성장한 제시 오언스는 올림픽 사상 최초로 단거리 4관왕을 달성한 육상계의 신동이었습니다. 가난한 흑인 집안에서 태어났지만 찰리 패덕의 헌신적인 가르침과 노력을 바탕으로 미국 국가대표로서 올림픽에 참가하게 됩니다. 선수 생활 동안 일곱 개의 세계 신기록을 세웠고 세 개의 세계기록을 갱신했습니다. 현재에도 그는 미국 역사상 가장 위대한 육상 선수로 남아있습니다.

### 해리슨 딜러드(육상 선수, 1923~ )

해리슨 딜러드는 일반 트랙 경기와 허들 경기 모두에서 금메달을 딴 유일한 선수입니다. 찰리 패덕으로 시작된 미국 육상의 전설은 제시 오언스를 거쳐 그에게로 이어졌습니다. 그는 제시 오언스에게 러닝화를 선물 받고 본격적으로 육상 선수를 꿈꾸게 됩니다. 딜러드는 허들로 1년 동안 82연승을 올려 세상을 놀라게 했지만 계속해서 올림픽 대표선발전에 탈락했습니다. 하지만 포기를 모르던 그는 도전에 도전을 거듭한 끝에 마침내 올림픽에서 금메달을 목에 걸었고 허들의 제왕이 되었습니다.

# Check in Your Dream!

_____년 _____월 _____일

나는 _____

나는 _____

나는 _____

나는 _____

나는 _____

나는 _____

나는 _____

나는 _____

나는 _____

나는 _____

나는 _____

나는 _____

나는 _____

나는 _____

꿈을 이루기 위해선 꿈을 이룬 사람에게 다가가서 말을 걸어야 합니다.
악수도 하고 사진도 찍고 싸인도 받아보십시오.

# "선생님, 저는
## 어떻게
## 살아야 합니까?"

● ● ●

**사람은 거절 본능보다
친절 본능이 더 강하다**

한 청년이 런던에서 상점 점원으로 근무하고 있었습니다. 그는 아침 5시의 청소를 시작으로 하루에 14시간씩 꼬박 일해도, 겨우 입에 풀칠이나 할 수 있을 정도의 임금을 받고 있었습니다.

그도 처음에는 곧 자신의 실력을 인정받아 좀 더 나은 대우를 받을 수 있을 것이라 여기고 열심히 일했습니다. 그러나 1년이 지나도 그의 생활은 나아지지 않았습니다. 그는 체력의 한계와 정신적인 공허감 때문에 더 이상 근무를 계속할 수가 없게 되었습니다.

그래서 청년은 고민 끝에 자신의 옛 스승에게 편지를 썼습니다. 먼저 경제적인 어려움과 마음의 답답함을 호소하고, 다른 직장을 구할 수 있도록 도와달라는 간절한 마음을 편지에 담았습니다.

그러나 청년은 편지를 써놓고도 한참 동안 그 편지를 보내야 할지 망설였고, 또 겨우 용기를 내어 편지를 보내놓고도 스승에게 일자리나 구걸하는 자신의 처지가 너무나 창피스럽고 한심해 자살까지 마음먹었습니다.

하지만 옛 스승의 답장은 그의 운명을 바꿔놓았습니다. 스승은 청년을 위해 교사 자리를 마련해주었던 것입니다. 그 청년은 교사가 된 후에 서서히 잠재되어있던 문학적 재능을 발휘하기 시작하여 29세이던 1895년에 《타임머신》이라는 작품을 내놓았습니다. 그 청년이 바로 영국의 저명한 문필가 허버트 조지 웰스Herbert George Wells입니다.

웰스가 스승에게 도와달라는 말을 하기가 부끄럽고 자존심 상해서 끝내 편지로나마 스승을 찾지 않았다면, 《타임머신》도 '문필가 웰스'라는 명성도 빛을 보지 못했을 것입니다.

찾아가야 합니다. 입을 열어야 합니다. 무엇을 하고 싶다고, 어떻게 도와달라고 구체적으로 말해야 합니다.

거절당하는 것을 두려워할 필요는 없습니다. 손해 볼 것도 없습니

피터 브뤼겔Pieter Bruegel, 〈이집트로 가는 길의 풍경Landscape with the Flight into Egypt〉, 1563

찾아가야 합니다.
입을 열어야 길이 열립니다.

본문 중에서

다. 거절하는 사람도 있지만 적극적으로 도우려는 사람도 많습니다. 사정을 몰라서 돕지 못하는 사람도 많습니다. 거절하는 것보다 돕는 것이 더 행복하기 때문입니다. 당신을 돕기 위해 준비된 사람이 더 많습니다.

"찾아가야 합니다. 입을 열어야 합니다.
무엇을 하고 싶다고, 어떻게 도와달라고
구체적으로 말해야 합니다.
거절당하는 것을 두려워할 필요는 없습니다.
손해 볼 것도 없습니다"

허버트 조지 웰스(소설가, 1866~1946)

허버트 조지 웰스는 영국의 작은 마을의 가난한 집안에서 태어났습니다. 부모의 이혼으로 어려서부터 스스로 생계를 꾸려나가야 했기 때문에 주변에서 많은 도움을 받을 수밖에 없었습니다. 여러 사람의 따뜻한 조언과 학업에 대한 뜨거운 열정을 바탕으로 우여곡절 끝에 대학을 졸업했습니다. 그 이후 《투명인간The Invisible man》 등의 소설을 발표하면서 과학 소설(SF) 창시자로 주목을 받았습니다. 그가 남긴 작품들은 고전이 되어 지금까지도 전 세계에서 많은 사랑을 받고 있습니다.

# Check in Your Dream!

_____년 _____월 _____일

나는
_____

나는
_____

나는
_____

나는
_____

나는
_____

나는
_____

나는
_____

나는
_____

나는
_____

나는
_____

나는
_____

나는
_____

나는
_____

나는
_____

도움을 요청하면 거절하는 사람보다 환영하는 사람이 더 많습니다.
거절하는 것보다 돕는 것이 더 행복하기 때문입니다.

# 사랑의
# 향기

미국 캘리포니아 주의 산마테오라는 작은 도시에 메리 제인 셰퍼드 Mary Jane Sheppard라는 여성이 있었습니다. 그녀는 세계적인 저명인사도 아니었고, 무슨 커다란 발명이나 발견을 통해 큰 업적을 남긴 이도 아니었습니다. 그렇다고 학교에서 교사로 일한 적도 없었고, 무슨 자선단체나 봉사단체에 나가서 활동한 일도 없었습니다.

그녀는 그저 평범한 여성이었고, 아주 전형적인 전업주부였습니다.

그럼에도 불구하고 1992년 12월 18일, 그녀가 세상을 떠나자 산마테오 일대는 모두 임시 공휴일처럼 모든 상점들이 문을 닫고 조의를 표하는 분위기에 빠졌습니다. 그리고 마치 사회저명인사의 장례식처럼 그녀의 죽음을 애도하는 인파가 구름같이 모여들었습니다. 왜 그랬을까요?

그 비밀은 메리가 일하던 부엌에 있었습니다. 메리는 부엌의 벽을 온

통 전깃줄로 장식해놓았습니다. 그리고 전깃줄에 수백 개의 옷핀으로 자기 집에서 묵고 간 사람들, 그 부엌의 식탁에서 식사를 하고 간 사람들의 이름과 날짜가 적힌 색색의 리본을 달아놓았습니다. 그녀는 일생 동안 그 리본에 적힌 이름들을 하나하나 불러가며 축복의 기도를 드렸습니다. 그래서 결국 그 식탁에서 함께했던 모든 사람들은 한 가족과 같은 유대감을 형성하게 되었고, 마침내 보이지 않는 사랑의 공동체를 이루었습니다.

메리는 직계 자녀와 손자·손녀들만을 가족이라고 여기지 않았습니다. 자녀들의 친구, 자신이 만나는 사람, 그리고 자기 집을 방문하는 사람들까지 모두 가족으로 여기고 반갑게 맞이하는 것을 철칙으로 삼았습니다.

메리는 이렇게 '사랑의 향기'를 발산한 것입니다.

남들에 대한 그녀의 따뜻함과 관심은 자석처럼 친구들을 끌어당겼습니다. 이웃을 향한 그녀의 사랑은 빛을 발했고, 그녀가 아끼던 사람, 그녀의 사랑을 받았던 사람, 그녀를 잘 아는 사람들은 모두 인생의 우아함이 무엇인지 분명히 깨닫게 되었습니다.

우리가 어떤 큰 꿈을 꾸고 있다면, 그리고 그 꿈이 진정 현실로 이루어지길 바란다면 우리는 메리 제인 셰퍼드의 이야기에서 무언가를 배워야 합니다. 큰일을 이루는 데 필요한 협력을 이끌어내기 위해서는 먼

애나 메리 모지스Anna Mary Moses, 〈단풍설탕 만들기Sugaring Off〉, 1955.

사랑스런 눈을 갖고 싶으면
사람들에게서 좋은 점을 보아라.
아름다운 입술을 갖고 싶으면
친절한 말을 하라.
날씬한 몸매를 갖고 싶으면
네가 가진 음식을 배고픈 이와 나누어라.
아름다운 머리결을 갖고 싶으면
하루에 한 번 어린아이가 네 머리를 쓰다듬게 하라.
나이가 더 들면
손이 두 개라는 사실을 깨달을 것이다.
한 손은 너 자신을 돕는 손이고
다른 한 손은 다른 사람을 돕는 손이다.

오드리 햅번Audrey Hepburn (1929~1993), 미국 영화배우

저 진심으로 그들의 사랑을 받을 수 있는 자격을 갖추어야 한다는 것, 그리고 그 자격은 내가 먼저 남을 사랑할 때 비로소 획득된다는 것입니다. 또한 메리처럼 진실한 사랑의 마음을 가꿈으로써 자신이 발산하는 사랑의 향기가 사람들에게 퍼져나가도록 해야 합니다.

우리가 진정 호박벌처럼 날기로 작정한 사람이라면, 지식을 쌓고 정신적인 성숙함을 도모하는 사람이라면, 메리처럼 가슴을 열고 사랑의 향기를 발산하는 기술을 배워야 그 길도 열리는 것입니다.

"큰일을 이루는 데 필요한 협력을 이끌어내기 위해서는
먼저 진심으로 그들의 사랑을 받을 수 있는
자격을 갖추어야 한다는 것,
그리고 그 자격은 내가 먼저 남을 사랑할 때
비로소 획득된다는 것입니다"

# Check in Your Dream!

_____년 _____월 _____일

나는
_____

나는
_____

나는
_____

나는
_____

나는
_____

나는
_____

나는
_____

나는
_____

나는
_____

나는
_____

나는
_____

나는
_____

나는
_____

나는
_____

꿈을 현실로 만들기 위해서는 먼저
사랑의 향기를 발산하는 기술을 배워야 합니다.

두드리지 않는데
저절로
열리는 문은 없다

• • •
누구에게나
250명의 응원단은 있다

무명작가인 베로니카 챔버즈Veronica Chambers는 2주에 한 번씩 존 싱글턴John Singleton이라는 영화 감독에게 꾸준히 이메일을 보냈습니다. 자신이 쓴 에세이도 보내고, 습작소설의 한 부분도 보내고, 또 어떤 때는 자신의 생활 이야기도 써보냈습니다. 응답을 해야 하는 질문이나 상대방에게 부담을 주는 내용은 보내지 않았지만, 단 한 번도 메일 보내기를 거르지 않았습니다.

그녀는 다만 자신이 누구라는 것과 지금까지 무엇을 해왔다는 것을 들려줄 뿐이었습니다. 물론 그녀는 답장이라곤 한 번도 받아보지 못했습니다.

그렇게 2년이 지난 어느 날, 갑자기 그녀의 방에 놓여있던 전화의 벨이 요란하게 울려대기 시작했습니다. 그녀의 편지를 끊임없이 받았던

도전해본 적도 없는 사람은
아무것도 얻지 못한다.

지그 지글러Zig Ziglar (1926~ ), 미국 작가·자기계발 전문가

에두아르 마네Edouard Manet, 〈페르 라티유에서Chez le père Lathuille〉, 1879

그 감독, 불과 23세에 아카데미 감독상 후보로 오르기도 했던, 최연소이자 최초의 흑인 감독인 존 싱글턴이 함께 책을 쓰자고 제안해온 것입니다. 2년 동안의 꾸준한 이메일 공세가 무명작가를 일약 할리우드의 명사로 만들어준 것입니다.

두드리지 않는데 저절로 열리는 문은 없습니다. 아무리 좋은 생각과 꿈을 가지고 있어도 그것을 말하지 않으면 함께할 사람은 나타나지 않습니다. 아무 말도 하지 않고 가만히 있는데 찾아와서 이렇게 해줄까, 저렇게 해줄까 하고 물어주는 사람도 없습니다.

'250명 효과'라는 것도 있습니다. 누구나 결혼식 같은 큰일이 있으면 평균 250명은 찾아온다는 것입니다. 즉, 누구나 250명의 응원단은 있다는 뜻입니다.

자신의 꿈과 비전을 다른 이들과 명료하게 논의할 수 있는 적극적인 자세가 없으면 그 꿈을 현실로 만들 수 없습니다. 포기할 수 없는 목적, 어떠한 대가를 지불하고서라도 반드시 성취해야 할 꿈, 그리고 치열한 사명감이 있는 사람이라면 적극적으로 입을 열어야 합니다. 원하는 것을 말해야 합니다.

입을 열어야 길이 열립니다.

# Check in Your Dream!

_____ 년 _____ 월 _____ 일

나는
_____

나는
_____

나는
_____

나는
_____

나는
_____

나는
_____

나는
_____

나는
_____

나는
_____

나는
_____

나는
_____

나는
_____

나는
_____

나는
_____

나는
_____

두드리지 않는데 저절로 열리는 문은 없습니다.
아무 말도 하지 않고 가만히 있는데 찾아와서
이렇게 도와줄까, 저렇게 도와줄까 하고 물어보는 사람은 없습니다.

# "나의 가장 큰 두려움은 가난뱅이로 죽는 것이다"

• • •

부정적인 말은
부정적인 운명을 만든다

아버지는 결코 돈이 많은 분은 아니셨다. 하지만 여러 분야에 재능과 지식이 있으셨다. 그런 아버지가 퇴직 후, 번잡한 주식시장에서 시간을 보내면서 달라지셨다. 아버지는 자기 친구 중에서 1명이 일주일에 약 1억 7천만 원을 벌어들이는 것을 보고 몇 개월 후에 주식시장에서 큰돈을 벌어들이셨다. 그 돈은 아버지가 일생 동안 일해서 벌어들인 것보다 더 많은 돈이었다. 퇴직 후 6개월 내에 그렇게 큰돈을 버시더니 자신이 생겼는지 아버지는 모든 시간과 돈을 주식에 투자하셨다. 그러나 그 다음 8개월 후에 아버지는 벌어들인 돈을 몽땅 날려버렸고, 후에 수십만 원을 겨우 빌려 투자를 했지만, 그것도 잃어버리고 곧 세상을 떠나셨다. 이 이야기는 아버지에 대한 즐거운 추억은 아니지만, 내게 매우 큰 교훈을 주기 때문에 항상 마음속에 간직하고 있다. 아버지는 사는 날 동안 거듭해서 "인생에 있어서 나의 가장 큰 두려움은 가난뱅이로 죽는 것이다"라는 말씀을 하시곤 했다. 그래서 퇴직 후 그렇게 돈을 벌기 위해 애쓰셨는지도 모른다. 아버지는 여러 분야에서 위대한 일을 성취할 수 있는 재능을 갖고 계셨다. 그러나 결국에는 자신이 말한 대로 한 푼의 돈도 없이 빚더미 속에서 세상을 떠나셨다.

이상은 사업가이며 인간계발 분야의 인기 강사로서 《당신의 능력을 최대한으로 개발시켜주는 10가지 생활 원리》의 공저자인 스킵 로스 Skip Ross가 말하는 자기 아버지에 대한 이야기입니다.

이 사례를 보고 여러분은 무슨 생각이 드십니까? 저는 이 사례를 보고 "말이 씨가 된다"는 우리나라 속담을 떠올렸습니다. 말이 씨가 된다는 말은, 남에게 한 말이든 자기 자신에게 한 말이든 말한 것이 실제로 이루어진다는 뜻입니다. 여러분도 이러한 경험을 해보았으리라 생각합니다. 그런데 이상한 것은, 부정적인 말이든 긍정적인 말이든 씨가 되기는 마찬가지라는 사실입니다.

마이크로소프트를 창업한 빌 게이츠Bill Gates는 "세계의 모든 가정, 모든 책상 위에 반드시 하나 이상의 컴퓨터가 놓여있는 세상을 만들겠노라!"는 말을 수도 없이 했습니다. 그런데 그 말의 씨는 어떻게 되었습니까? 열매를 맺어 현실이 되어있습니다.

영화 감독 스티븐 스필버그는 "나는 세계 최고의 이야기꾼이다!"라고 자기 자신에게는 물론 만나는 모든 사람들에게 말하곤 했습니다. 그리고 실제로 그는 그렇게 되었습니다.

말이 입 안에 있을 때는
내가 말을 지배하지만
말이 입 밖에 나오면 말이 나를 지배한다.

이스라엘 속담

미국 스탠퍼드 대학교의 사람들은 입을 모아 자신들의 학교를 '서부의 하버드'라 했고, 싱가포르 국민들은 자신들의 나라를 '아시아에 있는 인스턴트 유럽'이라고 불렀습니다. 그런데 신기하게도 그들의 말 역시 모두 다 현실이 되었습니다.

말이 곧 운명입니다. 당신이 아무렇지도 않게 내뱉은 말이 당신의 운명이 될 수 있습니다. 늘 스스로에게 "나는 재수가 없어", "나는 뭘 해도 안 돼"라고 하면 정말 그렇게 되고, "나는 반드시 잘될 거야", "나는 성공할 수 있어"라고 하면 또 그 말처럼 그렇게 될 것입니다. 이것이 바로 말이 가진 무섭고도 신비한 힘입니다.

존 F. 케네디John F. Kennedy, 알베르트 아인슈타인Albert Einstein, 넬슨 만델라Nelson Mandela, 마리 퀴리Marie Curie 부인…, 그들은 모두 스스로 자신의 성공적인 미래를 확실히 말했고, 그것은 신기하게도 모두 성취되었습니다.

스킵 로스의 아버지가 가난뱅이로 죽는 데 대한 두려움을 말하는 대신 부자로서 많은 유산을 사회에 헌납하겠다는 소망을 말했다면, 그렇게 빚더미에 앉아 가난뱅이로 죽지는 않았을 것입니다. 자기가 뿌린 말의 씨는 열매가 되어 바로 자기 자신에게 돌아옵니다.

진정으로 호박벌처럼 날아오르기로 작정했다면 입을 열어야 합니다. 언제, 어느 높이까지, 그리고 얼마나 멀리까지 날아갈 것이라고 말해야 합니다.

# Check in Your Dream!

_____년 _____월 _____일

나는
_____

나는
_____

나는
_____

나는
_____

나는
_____

나는
_____

나는
_____

나는
_____

나는
_____

나는
_____

나는
_____

나는
_____

나는
_____

나는
_____

말이 곧 운명입니다.
자기가 뿌린 부정적인 말의 씨는 부정적인 열매가 되어
바로 자기 자신에게 돌아옵니다.

# 닫힌 입이
# 운명을
# 가로막는다

● ● ●

인생을 가로막는 것은
철의 장막이 아니라 입의 장막이다

마이클의 부모님은 식구들 앞에 그를 세워놓고 시를 낭송하게 하거나 노래를 부르게 했습니다. 하지만 마이클은 그게 너무 싫었습니다. 그런 식으로 자꾸 시키면 시킬수록 그는 점점 더 부끄러움을 타게 되었고, 나중엔 교실에서도 앞에 나가서 뭔가를 하는 게 싫어졌습니다.

특히, 어른들과 말하는 것은 생각만 해도 끔찍할 정도로 싫고 두려웠습니다.

마이클의 집은 친척이 무척 많았습니다. 그래서 해마다 부활절이 오면 모두 한집에 모여서 함께 지내곤 했습니다. 그때 어른들은 부활절 달걀 한 개를 뒤뜰에 숨겨놓고 그것을 찾아내는 아이에게 상품을 주었습니다. 한번은 자전거가 상품으로 등장했습니다. 당시 마이클은 여섯 살이었고, 그의 꿈은 여느 소년들과 마찬가지로 자전거를 타고 거리를 누비는 것이었습니다.

드디어 달걀 찾기 시합이 시작되었습니다. 30여 명의 아이들이 뒤뜰을 샅샅이 뒤지며 돌아다녔지만 부활절 달걀은 좀처럼 보이지 않았습니다. 마이클은 큰 나무 밑에 수북이 솟아오른 수풀을 뒤졌습니다. 바로 그때 예쁘게 색칠한 달걀이 눈에 들어왔습니다. 그 순간 마이클은 너무나 흥분되고 가슴이 두근거려 견딜 수가 없었습니다. 그리고 온몸이 마비되는 것 같은 짜릿함까지 느꼈습니다.

'이제 그 근사한 자전거가 내 것이 되는구나!'

그런데 문제가 생겼습니다. 달걀을 가지고 삼촌에게 가는 건 좋았지만, 삼촌에게 "여기 있어요! 제가 달걀을 찾았어요!"라고 말하기가 두렵고 싫었던 것입니다. 결국 마이클은 그 달걀을 한 번 만져보지도 않고 그냥 돌아섰습니다. 자전거는 다른 아이가 차지했습니다. 마이클은 어느덧 중년으로 접어들었고, 심리치료사로서 많은 사람의 마음을 치유하고 있지만, 지금도 그때 일을 생각하면 눈물이 솟는다고 합니다.

이 이야기는 닫힌 입이 얼마나 많은 사람들에게 악영향을 미치고 있는지를 생생하게 보여주고 있습니다. 여러분이 이 글을 읽고 있는 지금 이 순간에도 말을 하지 못해서 나중에 이렇게 눈물을 흘리게 만들 일들이 얼마나 많이 벌어지고 있습니까?

기다리지 말라. 완벽한 순간은 결코 오지 않는다.
지금 당장 가능한 수단을 이용하여 일에 착수하라.
그러다 보면 더 많은 수단과 방법을 활용할 기회가 찾아올 것이다.

나폴레온 힐Napoleon Hill (1883~1970), 미국 작가·성공철학자

폴 고갱Paul Gauguin, 〈대화(열대)Conversation(Tropiques)〉, 1887

필요 이상으로 과묵한 사람은 겸손하거나 수양이 잘되어 남의 말을 경청할 줄 알아서라기보다, 입을 열지 못하게 하는 어떤 마음의 상처를 안고 있는 경우가 많습니다. 특히, 한국에서는 학생들의 입을 봉하게 하는 인습과 사회적 분위기를 많이 느끼게 됩니다.

자전거를 타고 마을을 누비려던 소년의 꿈은 봉해진 입 때문에 모두 물거품이 되었습니다. 인생의 활로를 가로막는 것은 철의 장막이 아니라 입의 장막입니다. 닫힌 입이 운명을 가로막지 않도록 지금 당장 입을 여십시오.

# Check in Your Dream!

_____년 _____월 _____일

나는
_____

나는
_____

나는
_____

나는
_____

나는
_____

나는
_____

나는
_____

나는
_____

나는
_____

나는
_____

나는
_____

나는
_____

나는
_____

나는
_____

봉해진 입 때문에 소중한 꿈이 물거품이 될 수 있습니다.
인생의 활로를 가로막는 것은 철의 장막이 아니라 입의 장막입니다.

# 6.

## 몸으로
## 비전을
## 선포한다

어깨는 벌어지고, 가슴은 넓고, 근육에 힘이 넘
쳐 나는 사람은 자기가 도달해야 할 목표지점이
어디인지를 알고 있으며, 또한 실제로 그 길을 가
고 있는 사람입니다. 몸은 비전을 기록하는 비석
입니다.

# "콘디, 생일 선물로 레그프레스에 100파운드 더 얹어드릴게요"

● ● ●
꿈을 현실로 만드는 사람들의
자기관리 코드, 몸경영

열 살 된 한 흑인소녀가 부모님과 함께 백악관을 구경갔습니다. 한동 안 담 주변을 서성이며 찬찬히 건물의 외관을 살피던 소녀가 갑자기 침 묵을 깼습니다.

"아빠, 제가 저 안에 들어가지 못하고 이렇게 밖에서 껍데기만 구경 해야 하는 건 제 피부색 때문이죠? 그렇죠? 하지만 두고 보세요! 전 반 드시 저 안으로 들어갈 거예요!"

구경에 여념이 없던 일행은 결연한 눈빛을 하고서 소리치는 그녀의 모습을 황망한 시선으로 바라보았습니다.

25년 후, 소녀의 예언은 그대로 적중했습니다. 소련이 붕괴되고 독일이 통일되던 시기에, 그녀는 백악관에서 미국 제41대 대통령 조지 부시George Bush와 함께 일주일에 14시간씩 미국의 대외정책을 주도하는 수석 보좌관으로 일하게 된 것입니다. 그리고 다시 11년 후에는 그의 아들이자 제43대 대통령인 조지 W. 부시의 국가안보보좌관으로 백악관에 재입성했습니다.

백악관 국가안보보좌관을 역임한 콘돌리자 라이스Condoleezza Rice, '콘디'에게는 아주 오래되고 독특한 습관이 있습니다. 아무리 바쁘고 할 일이 많아도 일주일에 두 번씩은 반드시 웨이트트레이닝을 하는 것입니다. 헬스클럽에서 자신이 연주했던 피아노 소리를 들으며 팔, 다리, 허리, 어깨의 근육을 단련함으로써 근육에서 치솟는 힘을 불 같은 도전정신으로 삼아 흑인이자 여성이라는 한계에서 오는 삶의 무게를 이겨내는 것입니다.

백악관에 다시 입성하기 전, 콘디는 스탠퍼드 대학교의 교수였습니다. 스탠퍼드 대학교에는 '근육발달학과'라는 독특한 학과가 있는데, 그녀는 학생 때부터 골프 챔피언 타이거 우즈Tiger Woods의 근육강화 코치로 활동했던 캐런 바닉Karen Vanic과 함께 운동을 했고, 스탠퍼드 대학교의 대표 운동 선수들과 똑같은 방식의 식이요법과 훈련을 병행했습니다. 일주일에 두 번씩 교내 헬스클럽에 가서 먼저 15분간 스트레칭을 하고 10분 동안 러닝머신으로 몸을 푼 다음, 본격적인 웨이트트레이닝으로 들어갔습니다.

강인한 육체가 무용담武談을 만들고,
뛰어난 영혼이 예술을 낳는다.

발타사르 그라시안Baltasar Gracián (1601~1658), 스페인 작가

윌리엄 포웰 프리스William Powell Frith, 〈활쏘기의 달인The Fair Toxophilites〉, 1872

바이셉 컬을 이용한 이두근 강화 운동, 어깨와 다리 강화 운동, 허리 굽히기, 복근 강화 운동 등을 한 후, 다시 러닝머신과 스트레칭으로 마무리하는 식이었습니다. 그녀의 운동 코치는 해마다 콘디의 생일날이 되면 "콘디, 생일 축하해요. 선물로 레그프레스에 100파운드 더 얹어드릴게요"라고 말하곤 했습니다.

　콘디는 근육 강화 운동으로 민첩성과 순발력을 키웠습니다. 또한 업무에서 받는 스트레스를 해소하고 정신력도 강화시켰습니다. 산더미 같이 쌓이는 일거리와 쉴 틈 없이 이어지는 모임으로부터 벗어날 수 있는 유일한 출구이자 충만한 휴식으로서 그녀는 운동을 선택한 것입니다. 콘디는 키 174센티미터에 몸무게 63킬로그램의 균형 잡힌 몸매를 갖고 있습니다. 사람들은 콘디가 훗날 미국 대통령이 될 것이라고 봅니다.

　그녀는 웨이트트레이닝이라는 아주 독특한 웰빙 취향을 통해 단단하고 균형 잡힌 몸매와 체력의 소유자가 되었고, 몸 안의 넘치는 힘에 의해 곧바로 새로운 도전을 가능케 하는 용기와 상상력과 집중력을 얻고 있습니다. 근육에서 솟구친 담력이 엉켜버린 실뭉치 같은 지구촌의 문제들에 대해 궁극적이고 책임 있는 답을 내놓아야 하는 리더의 자리, 세계 최정상의 위치로 이동해가는 길에서 큰 힘이 되고 있는 것입니다.

　꿈을 현실로 만드는 최고의 기술, 자기를 자기의 힘으로 이상의 세계

로 옮겨다놓는 노하우, 콘디와 같은 리더십의 보유자들에게서 우리는
독특한 자기관리 코드인 '몸 경영'의 비밀을 읽을 수 있습니다.

"콘돌리자 라이스의 운동 코치는
해마다 그녀의 생일날이 되면 '콘디, 생일 축하해요.
선물로 레그프레스에 100파운드 더 얹어드릴게요'라고
말하곤 했습니다"

콘돌리자 라이스(전 미국 국무장관, 1954~ )

콘돌리자 라이스는 미국 역사상 두 번째 여성 국무장관이자 최초의 아프리카계 여성 국무장관입니다. 또한 스탠퍼드 대학교에서 최연소이자 아프리카계 여성 최초로 부총장을 지냈습니다. 그녀는 정치·외교 분야에서 이토록 오랫동안 최고의 자리에 머무르게 해주는 힘의 원천을 음악과 꾸준한 운동에서 찾았습니다. 그녀는 국무장관 시절의 회고록인 《최고의 영예No Higher Honor》를 출간하는 등 여전히 다양한 영역에서 활발히 활동하고 있습니다.

# Check in Your Dream!

_____년 _____월 _____일

나는
_____
나는
_____
나는
_____
나는
_____
나는
_____
나는
_____
나는
_____
나는
_____
나는
_____
나는
_____
나는
_____
나는
_____
나는
_____
나는
_____

근육에서 솟구친 담력, 몸 안에 넘치는 에너지에 의해 새로운 도전을 가능케 하는
정신의 에너지를 얻을 수 있습니다.

신체 활동에서
이길 수 있다면
지적 활동에서도
이길 수 있다

● ● ●

몸으로 느끼는 가능성이
상처받은 꿈을 소생시킨다

비행기를 몰고 창공을 가르며 5대양 6대주를 누비는 일은 정말 신
명 나는 일입니다. 그래서 많은 사람들이 파일럿이 되고 싶어합니다.

파일럿이 되기 위해서는 조종석에 설치돼있는 수많은 계기들을 정확
하게 숙지하고 비상시에 대비할 줄도 알아야 합니다. 뿐만 아니라 지상
으로부터 수신되는 날씨·풍속·풍향과 주변의 항공기 상황, 도착지의
공항 상태 등 운항과 관련된 각종 정보를 취득하고 해독하는 데 무리가
없을 정도의 언어 능력과 판단력도 갖춰야 합니다.

아울러 12시간 이상 비행하는 경우가 많으므로 강인한 체력·정신력
과 함께 빠른 시차적응력도 필요합니다. 또한 조종사는 탑승객 전원의
안전에 대해 절대적인 책임을 지고 있는 만큼 강력한 리더십도 갖추고

있어야 합니다. 뿐만 아니라 치밀한 성격과 수리 능력, 항공법규와 항공학·기상학·항법학에 대한 풍부한 지식, 공간판단력, 형태지각력, 위기관리 능력 등이 요구됩니다.

지금 LA에 살고 있는 제 친구 아들 철우는 장차 파일럿이 되리라고는 아무도 상상할 수 없는 아이였습니다. 초등학교 2학년 때 미국으로 건너가서 영어도 채 익히지 못한 상태에서 학교에 다니려다 보니 도저히 적응을 할 수 없었던 것입니다. 공부에는 도통 취미가 없었고, 그저 비슷한 처지의 친구들과 어울려 다니며 노는 데만 정신을 팔았습니다. 7학년 때는 이미 술과 담배에 인이 박혔고, 대학에 갈 나이에 이르렀을 때에는 가망이라고는 거의 없는 상태였습니다.

그러던 어느 날, 철우는 우연한 기회에 체육관에 나가게 되었습니다. 공부는 또래 친구들보다 못하더라도 운동만은 자신이 있었습니다. 아니, 운동에서만은 지기 싫었던 것입니다. 그래서 아주 열심히 체육관에 다니며 코치의 말에 귀를 기울였습니다. 그리고 정말로 열심히 해서 달리기, 윗몸일으키기, 벤치프레스 등 그 어느 종목에서도 철우의 상대가 될 만한 사람이 없었습니다.

그러나 그런 자신감도 잠시였습니다. 날이 갈수록 저만치 뒤에 떨어져서 달리던 친구들이 하나둘 자기를 앞지르기 시작하는 것이었습니다. 철우는 당황해서 어찌할 바를 몰랐습니다. 그때, 옆에 있던 체육관 코치가 담배를 끊어보라고 말했습니다. 담배를 끊기는 정말 힘든 일이었지만, 체육관에서 구겨진 자존심을 살리기 위해서 철우는 이를 악물고 담배를 끊었습니다. 담배를 끊고 3주일이 지나면서 철우는 다시 체육관의 또래들을 따돌릴 수 있게 되었습니다.

그러나 얼마 지나지 않아 철우의 자존심은 다시 한 번 구겨졌습니다. 지난번의 역전 현상이 또다시 나타난 것입니다. 코치는 이번에는 술을 끊어야 한다고 말했습니다. 그래서 술도 끊었습니다. 역시 코치의 말은 옳았습니다. 철우는 또 한 번 명예 회복에 성공했습니다.

작은 성공들이 큰 성공을 낳았습니다. 체육관에서의 작은 성공들에 힘입어 철우는 차츰 다른 일에 대해서도 자신감을 가지기 시작했습니다.

그 무렵 제가 철우의 집에 놀러가게 되었습니다. 약 일주일 동안 철우네 집에서 지내고 있었습니다. 하루는 철우가 저를 위해 3시간가량 운전을 하며 이야기를 나누게 되었습니다. 저는 철우에게 이렇게 잘라 말했습니다.

"네가 달리기, 벤치프레스, 덤벨프레스에서 그들을 이길 수 있었다면 너는 그들보다 강한 정신력의 소유자임이 틀림없구나. 너는 지적인 활동, 판단력, 리더십에서도 그들을 이길 수 있는 사람이다."

나중에 전해들으니 그 말을 들은 철우는 마음속으로 만세를 불렀다고 합니다. 답답하던 가슴이 탁 트이는 듯한 기분이 든 것입니다. 그날부터 철우는 책을 읽기 시작했습니다. 그리고 장래 문제에 관해 부모님과 진지하게 의논하기 시작했습니다. 7년이 지난 후, 철우는 미국 국적의 세계적인 항공사에 소속된 파일럿으로서 수백 명의 승객을 태우고

조지 벨로스George Bellows, 〈뉴포트에서의 테니스　　　　　　〉, 1920

건강은 두려움에 대항해 싸울 수 있는 힘을 준다.
또한 보수가 주어질 것이라는 보장이 없어도 모험에 나설 수 있게 한다.

레오 버스카클리아Leo Buscaglia (1924~1998), 교육학자

5대양 6대주의 창공을 누비고 있습니다.

몸으로 느끼는 가능성, 몸에서 먼저 시작된 변화, 몸으로 하는 다짐, 그리고 몸에서 흘러넘치는 자신감이야말로 꿈을 현실로 만드는 에너지의 원천입니다. 생각으로 몸을 변화시키는 것보다 몸으로 생각을 성숙시키는 것이 더 확실하고 더 빠릅니다. 운동으로 에너지 레벨을 높이면 하늘로 솟구쳐 오를 수도 있습니다. 인생의 방향까지 뒤바꿔놓을 삶의 리모델링은 바로 몸에서 시작됩니다.

"작은 성공들이 큰 성공을 낳습니다.
'네가 달리기, 벤치프레스, 덤벨프레스에서
그들을 이길 수 있었다면
너는 그들보다 강한 정신력의 소유자임이 틀림없구나.
너는 지적인 활동, 판단력, 리더십에서도
그들을 이길 수 있는 사람이다'"

# Check in Your Dream!

_____년 _____월 _____일

나는 _____

나는 _____

나는 _____

나는 _____

나는 _____

나는 _____

나는 _____

나는 _____

나는 _____

나는 _____

나는 _____

나는 _____

나는 _____

나는 _____

몸으로 느끼는 가능성, 몸에서 먼저 시작된 변화, 몸으로 하는 다짐, 그리고 몸에서
흘러 넘치는 자신감이야말로 꿈을 현실로 만드는 에너지의 원천입니다.

# 지옥 훈련 캠프,
# 마르지 않는
# 자신감의 샘

● ● ●

체력의 한계를 극복하는 사람이
정신의 한계도 극복한다

미국에는 청소년들을 대상으로 하는 '로빈슨의 집중 레슬링 캠프(J Robinson Intensive Camps)'라는 지옥 훈련 캠프가 있습니다. 이 캠프가 얼마나 혹독한 곳인지는 매번 캠프가 열릴 때마다 중도탈락자나 부상자가 거의 25~50퍼센트에 이른다는 사실을 보면 알 수 있습니다.

캠프 참가자들은 매일 새벽 6시에 잠자리에서 일어납니다. 오전에는 두 팀으로 나뉘어 역기 운동을 하거나 달리기를 합니다. 둘 다 아주 힘든 과정이지만, 그나마 역기 운동을 하게 된 학생들은 안도의 한숨을 쉽니다. 왜냐하면 오전의 '달리기'는 단순히 뛰기만 하는 것이 아니기 때문입니다. 오전의 달리기는 '친구 옮기기'라고 불리는 전력질주입니다.

조교는 참가자들을 캠프에서 5킬로미터 정도 떨어진 시골길로 데려갑니다. 조교가 신호를 하면, 참가자들은 자기 파트너를 등에 업고 순

위에 뒤쳐지지 않도록 있는 힘을 다해 뜁니다. 2.5킬로미터 정도를 그렇게 뛴 다음, 이번에는 업혀왔던 파트너가 자신을 업고 왔던 파트너를 업고 다시 전력질주로 나머지 2.5킬로미터를 달립니다. 상상을 해보세요. 누군가를 업고는 채 100미터도 뛰기 힘든데, 2.5킬로미터라니! 그러니 이 과정을 마치고 나면 '거의 초주검' 상태가 됩니다.

그러나 이 '거의 초주검' 상태라는 말은 대부분의 캠프 활동에 다 해당하는 말입니다. 오전의 달리기는 1시간 반 안에 끝내야 합니다. 그러고 나면 샤워를 하고 아침을 먹습니다. 그리고 기술훈련 전에 방으로 돌아가 잠깐 눈을 붙입니다. 다행히도 기술훈련은 2시간에 걸쳐 '쉬운' 훈련으로 이루어집니다.

오전의 달리기 이후 대부분의 참가자들은 더 이상의 고통스러운 '하드트레이닝'이 없기를 바랍니다. 그러나 오후에는 2시간에 걸친 실전 레슬링이 기다리고 있습니다. 이 실전 레슬링은 참가자들을 말 그대로 '그로기groggy(몸을 가눌 수 없음)' 상태로 몰고 갑니다. 그러나 그 덕분에 기술훈련 같은 건 손 안 대고 코 풀기처럼 전혀 어렵다고 느껴지지 않습니다.

매일매일 반복되는 지긋지긋하고 고통스러운 캠프의 일정은 두려움의 연속입니다. 머릿속에는 이 캠프가 절대 끝나지 않을 것 같다는 지독한 공포가 파고듭니다. 그러나 어느덧 시간이 흘러 하루의 훈련이 끝나고 샤워를 하고 저녁을 먹고 잠자리에 듭니다. 또 캠프의 훈련 일정도 어느 새 '빨간 깃발'이 있는 마지막 날을 향해 흘러갑니다.

지금 우리에겐 육체적인 어려움과 고통을
이겨내는 훈련이 필요하다.
그런 훈련을 거듭함으로써
우리의 정신완력을 키우는
전인적 리모델링이 요구되기 때문이다.

본문 중에서

테오도르 제리코Théodore Géricault, 〈엡섬의 더비 경마The Derby of Derby〉, 1821

'빨간 깃발'의 날, 이 말은 로빈슨 지옥캠프 내에서 엄청난 호기심과 공포를 동시에 일으키는 말입니다. '빨간 깃발'의 날에 대한 소문은 대개 두 번째 날 이후부터 캠프를 떠돌아다닙니다. 마지막 날이 다가오면 참가자들의 마음속에 극도의 두려움이 가득 차게 됩니다. 빨간 깃발을 내걸고 시작하는 1시간 40분짜리 논스톱 레슬링 일정이 잡혀있기 때문입니다. 쉬는 시간도, 숨을 돌릴 작전 타임도 없습니다. 매일의 고난도 훈련이 '어려운' 것이라면, 빨간 깃발의 날은 '불가능한' 것을 해내야 하는 시간입니다. 뼈가 부러지거나 머리가 깨진 부상자도 속출합니다.

그러나 대부분의 참가자들은 그것을 해냅니다. 재밌는 것은 지독하리만큼 고통스러운 '빨간 깃발'이라는 시간이 끝나고 나면, 집으로 돌아가기 전 모든 참가자들이 자발적으로 다시 한 번 '빨간 깃발'을 꽂고 지옥 같은 시간을 되풀이한다는 것입니다. 단, 이번에는 누가 시켜서 하는 것이 아니고 자신들이 해냈다는 것을 축하하기 위한 시간입니다. 시간도 2시간으로 늘어납니다. 참가자들이 이 캠프를 통해 인생의 새로운 맛을 터득했기 때문입니다. 육체적으로는 물론 정신적으로도 지칠 대로 지쳐서 그 자리에 쓰러지고 싶을 때마다 "당장 일어나지 못해! 달려, 이놈들아!" 하는 조교들의 고함소리를 듣고 힘을 냈기 때문입니다.

캠프의 피날레는 32킬로미터 달리기입니다. 마라톤의 하프 코스를 넘는 거리지만, 상상할 수 없을 만큼 쉽습니다. 모두들 이 달리기가 끝나면 집으로 돌아간다는 사실을 알고 있기 때문입니다.

캠프를 중도에 포기하지 않고 끝까지 수료했다는 사실은 모든 수료생들의 인생에서 최대의 사건으로 기록됩니다. 앞으로 달려갈 삶의 여정에 어떠한 어려움이 닥쳐오더라도 몸과 마음의 강인함만 있으면 기필코 극복해낼 것이라는 신념이 수료생들의 가슴속에 가득 찹니다. 지옥캠프를 견뎌낼 수 없는 사람은 그보다 쉬운 일도 참아낼 수 없습니다.

이 글은 프린스턴 대학교 지원자의 에세이를 바탕으로 한 것입니다. 한국에서도 극기 훈련이 유행한 적이 있었습니다. 기업들이 사원들의 나태함을 경계하고 패기와 성취욕을 북돋기 위한 의도였습니다. 그러나 요즈음엔 어려움을 극복하는 정신을 길러주는 극기 훈련 대신 새벽 2~3시까지 학원이나 독서실이나 컴퓨터 앞에 앉아있게 함으로써 작은 어려움에도 쉽게 굴복하는 몸을 양산하고 있습니다. 그래서 결국 나약해진 정신 때문에 신병교육대에서 기본적인 훈련 과정도 이겨내지 못하고 자살하는 사례가 나오고 있습니다.

오랜 기간 동안 육체적인 어려움과 고통을 이겨내는 훈련을 거듭함으로써 정신의 완력을 키우는 전인적 리모델링을 통해 몸과 마음을 다진 사람들, 그런 사람들이 21세기를 이끌어갈 비전리더들인 것입니다.

# Check in Your Dream!

_____년 _____월 _____일

나는
_____

나는
_____

나는
_____

나는
_____

나는
_____

나는
_____

나는
_____

나는
_____

나는
_____

나는
_____

나는
_____

나는
_____

나는
_____

나는
_____

나는
_____

오랜 기간 동안 육체적인 어려움과 고통을 이겨내는 훈련을 거듭함으로써
정신의 완력을 키우는 사람들,
그런 사람들이 21세기를 이끌어갈 비전리더들인 것입니다.

# '멍 때리기'도
# 창조적
# 활동이다

마르셀 프루스트Marcel Proust라는 프랑스 작가가 어느 날 산책을 하고 있었습니다. 산책 길엔 울퉁불퉁한 자갈이 깔려있었습니다.

한참을 걷던 중 갑자기 뭐라고 딱 잘라서 말할 수는 없지만 언젠가 한 번 경험해본 듯한 느낌이 오고 있음을 깨달았습니다. 한동안 생각에 잠긴 끝에 프루스트는 그 느낌이 수년 전 이탈리아를 여행할 때 울퉁불퉁한 돌로 된 포장도로를 걸으면서 느꼈던 감각이라는 걸 알아냈습니다. 몸 안 어딘가에 꼭꼭 숨어있던 그 기억이 몸이 당시의 상태로 돌아가자 생각의 표면으로 올라온 것입니다.

발명가 에드윈 랜드Edwin Land는 연구실에서가 아니라 어린 딸이 보채는 바람에 함께 놀아주느라 밖에서 어슬렁거리며 산책을 하던 도중에 떠오른 아이디어를 가지고 결국 폴라로이드 카메라를 발명했습니다.

당신의 운동은
당신의 하루를 짧게 하지만,
당신의 인생은 그만큼 길어진다.

대니얼 W. 조슬린Daniel W. Josselyn (1900~1970), 미국 작가

앙리 루소Henri Rousseau, 〈숲속의 산책The Walk in the Forest〉, 1886~1890

표트르 차이콥스키Pyotr Tchaikovsky는 매일 규칙적으로 산책을 했고, 그때마다 연필과 오선지를 들고 다녔습니다. 그의 작품 중 대부분은 바로 그 산책 때 떠오른 음악적 영감으로 이루어진 것이라 합니다.

1929년에 노벨 문학상을 수상했던 토머스 만Thomas Mann은 다음과 같이 적은 바 있습니다.

> 대부분의 내 작품은… 산책을 하면서 생각난 것들이다. … 탁 트인 신선한 공기 속에서 하는 가벼운 운동이야말로 집필을 위한 에너지를 되살리기 위해 내가 즐겨 쓰는 최고의 방법이다.

산책뿐만 아니라 조깅도 마찬가집니다. 조깅은 몸만 워밍업시키는 것이 아니라 생각도 워밍업시킵니다. 그래서 꿈을 이루기 위해 몸부림치던 중 새로운 아이디어가 절실히 필요한 사람들은 조깅에 나섭니다. 한 조깅마니아는 달리기를 하면서 발상이 자유롭게 떠오르는 이치에 대해 다음과 같이 묘사하고 있습니다.

> 힘겹게 발걸음을 옮기고 있을 때, 갑자기 그날 오후에 있을 고적대 연습이 생각나고 내 머릿속은 밴드의 행진 모습으로 가득 찼다. 나는 연습곡인 〈로빈 후드〉의 박자에 맞춰 달리기 시작했다. 내 몸 안에서 힘과 에너지가 용솟음쳤다. … 갑자기 도교를 주제로 이번 주말에 써야 하는 역사 리포트가 생각났다. 그거 꽤 오래 걸릴 텐데, 오늘밤 친구들과 나가 놀 수 있을까. … 그 순간 나는 친구들이랑 웃고 농담을 주고받으며 니스의 자갈 해변에 앉아있는 것 같았다. 따뜻한 햇볕

이 나를 감싸고, 미소가 내 얼굴 위로 번진다.

조깅, 산책, 댄스 등 규칙적인 운동은 신체뿐만 아니라 정신에도 에너지를 공급합니다. 그래서 정신의 움직임을 촉진하고, 특히 새로운 생각을 떠올리게 하는 자극제 역할을 합니다.

미국 솔트레이크시티의 한 연구소가 발표한 보고에 의하면, '4개월에 걸쳐 매주 3회 이상 하루 1시간씩 정기적으로 산책을 한 사람'과 '아무런 운동도 하지 않고 그냥 잠자코 앉아만 있었던 사람'의 사물에 대한 반응시간, 관찰력, 기억력 등을 비교 분석한 결과, 산책을 했던 사람들이 월등한 향상을 보였다고 합니다.

어느 건강과학 연구소에서 200명의 달리기 회원들을 조사했더니 그중 60퍼센트가 달리기를 하면 아주 기발하고 유익한 아이디어들이 떠오른다고 대답했다고 합니다. 아이디어를 짜내기 위해서 특별히 노력을 하지 않는데도 그냥 저절로 떠오르더라는 것입니다. 그들에게 특별한 습관이 있다면 오직 사물함에 종이와 연필을 비치해두는 것뿐이었습니다. 달리기를 마치자마자 달리면서 떠올랐던 생각을 기록해두기 위해서입니다.

# Check in Your Dream!

_____년 _____월 _____일

나는 _____

나는 _____

나는 _____

나는 _____

나는 _____

나는 _____

나는 _____

나는 _____

나는 _____

나는 _____

나는 _____

나는 _____

나는 _____

나는 _____

나는 _____

대부분의 내 작품은 산책을 하면서 생각난 것들이다.
탁 트인 신선한 공기 속에서 하는 가벼운 운동이야말로
집필을 위한 에너지를 되살리기 위해 내가 즐겨 쓰는 최고의 방법이다.
_토머스 만 Thomas Mann (1875~1955), 독일 소설가

# 달리면서
# 업그레이드하는
# 삶의
# 프로그램 파일

●●●

신체와 내면세계의 대화를 통하여
삶을 리모델링한다

1996년 가을의 어느 날 아침 7시, 체중 112킬로그램의 거대한 사나이가 숨을 헐떡이며 독일 본의 라인 강변을 따라 거의 기다시피 슬금슬금 달리고 있었습니다. 누가 얼굴이라도 알아볼까봐 겁먹은 표정으로 모자를 눌러쓰고 고개까지 푹 숙인 채였습니다.

그러나 불과 500미터도 못 갔는데 작은 언덕이 나타났고, 사나이는 결국 터벅터벅 걷기 시작했습니다. 그 순간 "일 핑계나 대는 당신 같은 주정뱅이 뚱보와는 더 이상 같이 살 수 없어요!"라고 이혼선언을 한 부인의 목소리가 귓가에 맴돌았습니다.

사나이는 "이봐 돼지, 넌 단지 두려워하고 있는 거야! 중요한 건 시작하는 거라고! 여기서 포기하면 넌 끝장이야! 내일은 이 언덕을 반드시 뛰어서 오르겠다고 약속해!"라고 중얼거리며 입을 꽉 다물었습니다.

다음 날도, 또 그 다음 날도, 같은 시간 같은 장소에서 그는 달렸습니다. 며칠이 지나면서 마침내 그 언덕을 한 번도 걷지 않고 뛰어서 오를 수 있게 되었습니다. 거기서 그는 자신감을 얻었습니다. 뿐만 아니라 뛰고 난 다음에 하는 샤워의 상쾌함, 아침에 일어날 때의 가벼움, 정신과 육체의 충만함을 맛보면서 그는 어느덧 달리지 않고는 배길 수 없는 체질로 변해갔습니다.

하루 일과를 마친 후 밤늦게까지 동료들과 어울려 맥주나 포도주를 마시는 것보다 일찍 자고 일찍 달리러 나가는 것이 더 즐거워지기 시작했습니다. 소시지나 스테이크보다 과일, 샐러드, 채소가 더 먹고 싶어지고, 매주 평균 700~1,100그램씩 줄어드는 체중을 확인하면서 그는 삶의 프로그램을 확 바꾸겠다는 결심을 굳혔습니다.

사람은 자기 자신도 의식하지 못하는 어떤 보이지 않는 프로그램에 따라 하루를 살아간다는 것, 아울러 그 프로그램은 개인의 의식적인 선택의 결과가 아니고 대부분 환경의 산물이라는 것이 그의 생각이었습니다.

그는 삶의 프로그램을 완전히 다시 만들었습니다. 하루 일과의 구성, 먹는 습관, 휴식하는 습관, 그리고 생각하는 습관에 대해 각각 분명한 목표를 세우고 그것을 달성했습니다. 프로그램 파일의 업그레이드가 끝난 것입니다.

2개월이 지나자 그는 3킬로미터를 쉬지 않고 25분에 주파했으며, 4개월이 지났을 때는 10킬로미터를 쉬지 않고 달릴 수 있게 되었습니다. 달리는 거리는 점점 늘어났고, 체중은 점점 줄어들었습니다.

6개월이 지나자 뛰는 거리는 16킬로미터, 체중은 75킬로그램이 되었습니다. 이제 달리기는 결코 고통이 아니었습니다. 발걸음이 리듬을 타면서 머릿속에서 자신의 존재 자체를 잊어버리는 무아지경 상태에 빠져들기 시작한 것입니다. 달리고 또 달리고 계속 달려도 더 달릴 수가 있게 된 것입니다. 그래서 그는 다음에는 얼마나 더 먼 거리를 얼마나 더 빨리 달릴 수 있을지 생각하느라 가슴이 두근거리는 상태에서 날이 밝기를 기다리게 되었습니다.

그는 장거리를 달리면서 계속 이어지는 단조로운 발걸음 속에서 자신의 몸을 자각하고 추위, 비, 더위, 먼지, 바람, 어둠, 햇빛, 강과 늪, 도시, 교통, 소음 등과 교감했습니다. 고통의 단계 이후에 오는 무념무상의 상태를 체험했고, 달리기를 통해 내면세계와 외부세계가 조화를 이루는 것마저 느낄 수 있게 되었습니다.

사나이는 더 이상 혼자서만 뛸 수 없게 되었습니다. 수많은 시선들과 함께 뛰지 않을 수 없게 된 것입니다. 그는 바로 독일의 외무장관 요슈카 피셔Joschka Fischer였기 때문입니다. 갑자기 달라진 외무장관을 지켜보던 〈함부르크일러스트〉라는 스포츠잡지의 기자가 그와 함께 달리고, 그 내용을 특집기사로 쓰게 해달라는 요청을 해온 것입니다.

어려운 것은 즉시 해낼 수 있는 것이다.
이른바 '불가능한 것'은 시간이 좀 걸리는 것일 뿐이다.

조지 산타야나George Santayana (1863~1952), 미국 작가

에드워드 헨리 포타스트Edward Henry Potthast, 〈해변At the Beach〉, 20th Century

둘은 라인 강변을 따라 22.5킬로미터를 뛰었습니다.

돌아오는 길에 기자는 "마라톤의 하프 코스를 완주할 수 있는 사람은 풀 코스도 완주할 수 있다던데, 마라톤에 한번 도전해볼 생각은 없으십니까?"라고 물었습니다.

피셔는 "못 할 것 없소!" 하고 응수했습니다.

바로 그 말이 씨가 되었습니다. 기자와 함께 하프 코스를 무난히 달리고 있는 모습과 풀 코스에 도전하겠다는 요슈카 피셔 외무장관의 선언은 대서특필되었습니다. 과연 피셔 장관이 마라톤 풀 코스를 완주할 수 있을 것인가에 대해 비상한 관심이 쏠리기 시작했습니다.

피셔는 곧바로 전문가들의 지도를 받으며 풀 코스를 향한 도전을 준비했습니다. 1998년 3월에는 프랑크푸르트 하프 마라톤에 참가하여 1시간 33분만에 골인했고, 이어서 4월에는 함부르크 마라톤에 출전하여 3시간 41분 36초에 완주, 1만 134명 중 4,179위를 기록했습니다. 마라톤을 시작한 지 1년 9개월 만에, 그리고 50회 생일을 며칠 앞둔 시점에서 그는 엄청난 일을 해낸 것입니다. 달리면서 업그레이드한 삶의 프로그램 파일이 낙마 직전의 한 정치인을 새로운 가능성의 상징으로 변모시킨 것입니다.


달리기는 소리 없는 대화입니다. 대지를 박차고 나가면서 신선한 자연을 호흡함으로써 대지와 나와의 대화가 이루어집니다. 곧이어 자기 내면세계와의 대화가 시작되는데, 이 대화는 마음속 깊은 곳에 있는 평화와 자유를 발견할 수 있게 해줍니다.

　달리기는 명상이며 자아탐구입니다. 삶을 리모델링하는 수련입니다. 얼마나 먼 거리를 뛸 수 있는지 혹은 얼마나 빨리 뛸 수 있는지 하는 것보다, 자신의 내면세계로부터 달리는 것 자체를 얼마나 즐길 수 있는지, 또 신체와 내면세계의 합일이 얼마나 잘 이루어지는지에 초점을 맞추는 것이 진정한 토털 웰빙 코드total well-being code인 것입니다.

요슈카 피셔(정치인, 1948~ )

요슈카 피셔는 독일 녹색당의 당수이자 독일 외무장관이었습니다. 그는 국제외교 분야에서 '부드러운 카리스마를 가진 실리주의자'로 널리 알려졌습니다. 한때 장관직에서 오는 압박감, 책임감, 스트레스로 인해 과체중에 시달렸습니다. 몸이 망가지면서 엉망진창이 된 자신의 삶을 재건하기 위해 그는 달리기 시작했습니다. 달리기에 대한 그의 애정은 《나는 달린다Mein langer Lauf zu mir selbst》라는 책에 잘 나타나있습니다. 그는 달리기가 그의 삶을 극적으로 바꿔놓았다고 예찬합니다.

# Check in Your Dream!

_____년 _____월 _____일

나는
_____
나는
_____
나는
_____
나는
_____
나는
_____
나는
_____
나는
_____
나는
_____
나는
_____
나는
_____
나는
_____
나는
_____
나는
_____
나는
_____
나는
_____

사람은 자기 자신도 의식하지 못하는
어떤 보이지 않는 프로그램에 따라 하루를 살아갑니다.
하루 일과의 구성, 휴식습관, 생각습관 …
꿈을 이루기 위해선 의식적으로 디자인 된 프로그램 파일이 필요할 것입니다.

# 세상이라는
# 정글을
# 헤쳐나가는 지혜

● ● ●
농구의 매력 – 은밀한 신호,
전진후퇴, 방어와 격파를 반복하며
협동과 소통을 배운다

체육관에 들어서면 특유의 냄새가 납니다. 바깥세상과 차단되어 긴장감과 스릴이 넘치기에 색다른 분위기가 느껴집니다. 니스 칠한 마룻바닥, 삐거덕거리며 바닥에 마찰되는 고무밑창 냄새, 후끈거리는 땀 냄새가 진동합니다.

제게 농구는 이미 하루를 마무리하면서 몸을 푸는 스포츠 정도의 의미를 뛰어넘었습니다. 농구는 이루 말로 표현하지 못할 만큼의 매력을 갖고 있습니다. 그래서 매일매일 코트에 가지 않고는 견딜 수가 없습니다.

어떤 농구 마니아의 농구 자랑 한 토막입니다.

집중력, 스피드, 그리고 드라마 같은 반전, 이런 것들이 마니아들로 하여금 농구를 최고의 스포츠로 꼽게 하는 이유입니다. 한 선수의 손에서 다른 선수의 손으로 물 흐르듯이 흘러가는 공의 흐름을 통해 농구 팀은 한몸이 된 듯한 친밀함을 느낀다고 합니다. 상대 팀 수비수들의 틈을 이리저리 헤치며 움직이는 공격진의 기민함, 그 의외성, 그 힘, 그리고 바스켓을 향한 어프로치와 도약, 또한 골대에 공을 살짝 올려놓고 내려오는 그 부드러운 동작…. 세상엔 그보다 더 우아한 인간의 모습은 없다는 것입니다.

그러나 그런 것은 모두 농구 마니아들에게는 표면적인 매력일 뿐입니다. 길거리 농구건 코트 농구건, 마니아들이 느끼는 농구 게임의 진정한 흡인력은 상대 팀의 수비진을 뚫고 들어갈 때 팀 동료가 보내주는 끈끈하고 득의만만한 신호 속에서 골을 넣은 다음 자기 팀의 수비진영으로 돌아가면서 하이파이브를 나누는 순간의 희열에 있다고 합니다.

코트를 가로질러 눈빛을 주고받으며 팀 동료가 무엇을 하려고 하는지를 한순간에 포착하는 것, 그런 말 없는 커뮤니케이션을 통해 모두의 의지가 모여서 자기 자신과 팀 동료들의 열기가 서로 상승작용하는 과정, 그렇게 해서 이미 기울었던 게임을 순식간에 역전시킬 때의 짜릿함, 이것이 바로 농구의 가장 매력적인 측면이라는 것입니다.

그 어떤 스포츠에서도 그런 투박한 듯하면서도 즉각적인 팀워크를 느낄 수 없다고 농구 마니아들은 말합니다. 또한 그에 따른 설명할 수 없는 감정의 격한 흐름은 무엇과도 비교할 수 없다고도 합니다.

농구에서 경험할 수 있는 팀워크는 결코 함께 토론을 벌이거나, 무언가를 함께 설계하거나, 머리를 맞대고 친밀해질 수 있는 방도를 짜낸다고 해서 생겨날 수는 없다는 것이 그들의 주장입니다. 손바닥을 마주치고, 군중으로 가득 찬 코트에서 서로 눈빛을 교환하고, 의미심장한 미소를 나누는 과정에서 팀워크가 생긴다는 것입니다. 그것이 바로 마니아들이 매일 농구 코트에 서지 않고는 배길 수 없는 이유입니다.

아무리 유명 대학을 졸업하고 남들이 부러워하는 직장에 취직을 해도, 농구나 축구, 소프트볼, 아이스하키, 라크로스 같은 팀 스포츠 마니아들이 코트에서 배우는 팀플레이 정신과 팀플레이 운영 노하우를 몸에 익히지 못한 사람은, 결국 남을 인정하거나 남에게서 인정을 받는 일에 실패하여 외톨이 신세가 되기 쉽습니다. 제아무리 명문대를 나왔어도 '리더십이 없는 사람, 팀워크를 체득하지 못한 사람, 땀 흘리며 강렬한 승부근성을 불태우는 열정이 없는 사람'은 문전박대를 당하는 것이 오늘날의 사회입니다.

그들은 같은 팀의 멤버들끼리 자기들만 아는 신호를 주고받으며 때로는 전진하거나 후퇴하고, 정지했다 도약했다 회전했다, 모이기도 하고 흩어지기도 하며 역동적으로 움직입니다. 거듭 함성을 지르며 공격자를 막아내고 수비수를 격파하면서, 걸려 넘어지고 심판 몰래 주먹으로 얻어맞고 밀어 제치고 떠밀립니다. 그들은 태클을 당해도 아랑곳하지 않고 계속 하이파이브를 나누고 파이팅을 외치면서, 역전에 역전을 거듭합니다.

이렇듯 수도 없이 져보고 또 이겨본 경험이 있는 사람들, 그런 과정

아무리 유명대학을 졸업하고
남들이 부러워하는 직장에 취직을 해도
팀스포츠 마니아들이 코트에서 배우는
팀플레이 정신과 팀플레이 운영 노하우를
몸에 익히지 못한 사람은 결국 외톨이 신세가 된다.

본문 중에서

하랄드 기르싱Harald Giersing, 〈풋볼 선수Football Player〉, 1917

을 통하여 세상을 헤쳐나가는 지혜를 터득해나가는 스타일, 혼자 살기보다 팀워크를 하면서 사는 걸 더 즐거워하는 취향, 머리만큼 몸도 움직이는 스포츠맨 코드의 사람, 그런 과정을 통해 토털 웰빙을 누리는 사람. 세상은 늘 그런 사람들을 리더로 맞이하기 마련입니다.

"끊임없이 함성을 지르며 수비수를 격파하고,

걸려 넘어지고,

심판 몰래 얻어맞고 태클 당해도

계속 파이팅을 외치면서, 역전에 역전을 거듭하며

무수히 이겨보고 저보는 경험,

팀스포츠는 꿈을 키우는 최고의 훈련입니다"

# Check in Your Dream!

_____년 _____월 _____일

나는 _____

나는 _____

나는 _____

나는 _____

나는 _____

나는 _____

나는 _____

나는 _____

나는 _____

나는 _____

나는 _____

나는 _____

나는 _____

나는 _____

나는 _____

팀스포츠를 통하여 세상을 헤쳐나가는 지혜를 터득하는 스타일,
개인기보다 팀워크에 충실한 코드,
머리만큼 몸도 움직이는 사람들이 결국 꿈을 현실로 만듭니다.

# 몸으로
# 비전을
# 선포한다

● ● ●

**몸은 비전을 기록하는
비석이다**

말 그대로 호박벌처럼, 자기가 뚱뚱한지 날씬한지 날개가 큰지 작은지 앞뒤 따져보지도 않고 무조건 날기로 작정하듯이, 영어라고는 "땡큐" "마이 네임 이즈…" "아엠 프롬 코리아" 정도밖에 할 줄 모르는 상태로 루이지애나 주의 고등학교에 도착한 제 친구 아들 경민이는 힘든 시간을 보내야 했습니다. 일단 말이 통하지 않으니까 수업도 알아들을 수 없고, 친구도 없고, 홈스테이 집 아주머님과의 소통도 너무 어려웠습니다. 그래서 밥도 혼자 먹고, 운동도 혼자 하고, 외톨이처럼 지냈습니다. 학교가, 미국이 싫어졌습니다. 그곳까지 보내주신 부모님을 생각하면 그럴 수가 없지만 당장 한국으로 돌아가고 싶었습니다. 무엇보다 단 한마디라도 주고받을 친구가 없는 것이 가장 견디기 어려웠습니다. 그때 자기가 초등학생 시절에 축구부에 있었다는 기억이 떠올랐습니다. 그래서 풋볼 팀에 들어갔습니다.

풋볼 팀의 친구들은 한결같이 키가 경민이보다 30센티미터 이상, 몸무게도 20키로그램 이상 더 나가는 거한들이었습니다. 그러니 한 번 부딪치면 나가떨어지기 일수였습니다. 그래도 경민이는 풋볼이 좋았습니다. 어려운 말이 필요 없었기 때문입니다. 간단한 말들만 해도 충분했습니다. 뿐만 아니라 서로 밀고 넘어뜨리고 잡아당기고 뛰고 뒹굴다보니 자연스레 눈빛, 표정, 그리고 더 많은 말을 주고받게 되었습니다. 동료의식, 친근감이 생겼습니다. 입이 쉽게 열렸고 "던져!" "엎드려!" "패스!" "앞으로!"에 한 단어씩 더 보태서 말을 주고받다보니 자연히 귀가 열리고 말문이 터지기 시작한 것입니다.

그때부터 수업시간에 선생님이 하시는 설명이 귀에 들어오기 시작했습니다. 알아들으니 숙제도 할 수 있게 되었고, 예습·복습도 시작하고, 질문도 하고, 대답도 하고, 제대로 정상적인 학교생활이 가능해졌습니다. 열심히 공부했습니다. 미국에서의 첫해 첫학기에 수학을 제외한 거의 전 과목 낙제였던 성적이 쑥쑥 올라갔습니다.

풋볼 팀에서도 힘으로는 도저히 감당할 수 없지만 성실성으로는 뭐든 더 잘 할 수 있었습니다. 앞에 나서서 이끌어가지는 못해도 뒤에서 받쳐주고 넘어지고 화살받이 역할을 마다하지 않았습니다. 궂은 일 다 맡아서 하고, 무시하거나 조롱해도 미소로 받아주고, 다치거나 힘들어하는 친구가 있으면 옆에 가서 지켜주고, 늘 다가가는 모습을 견지했습니다. 그래도 기본 체력은 되어야 한다고 생각해 체육관에서 웨이트트레이닝과 보디빌딩 운동도 했습니다. 그러다 보니 어느새 몸에서 어엿한 풋볼 선수의 기품이 나타나기 시작했습니다. 표정은 부드럽고, 어깨는 벌어지고, 허리는 일직선으로 곧게 뻗어있고, 팔다리 근육엔 힘이 넘쳐나고, 누가 봐도 무엇에나 자신이 있는 듯하다는 느낌을 주기 시작했습니다. 경민이는 어느덧 풋볼 팀 부주장이 되었습니다.

풋볼만큼, 몸의 변화만큼 성적도 상위권에 진입했습니다. 그러다 보니 어느새 인기맨이 되어가고 있습니다. 선생님들도 경민이를 인정했습니다. 태국이나 기타 아시아계 학생들이 전학 와서 적응을 잘 못하면 경민이에게 케어를 부탁할 정도가 되었습니다. 남편이 한국전쟁 참전 용사였던 홈스테이 집 팜Pam 아줌마도 경민이와 토론하는 것을 좋아했습니다. 그래서 날마다 아시아의 역사와 문화, 그리고 현재의 정세에 대해 심도있는 토론이 이어졌습니다. 그러다 보니 영어실력은 날로 향상될 수밖에 없었지요.

그렇게 시간이 흘러 경민이가 고등학교 졸업반이 되었습니다. 곤잘레스시티의 어쌘슨 크리스천 고등학교는 매년 졸업식장에서 학생들의 투표와 선생님들의 평가를 반영하여 졸업생 중 1명을 명예의 전당에 가입시킵니다. 그런데 놀랍게도 경민이가 선정되었습니다. 그리고 경민이는 루이지애나 주립대학교 화공학과에 4만 달러 전액 장학생으로 입학하게 되었습니다. 기쁘게도 경민이는 여름방학 때 팜 아줌마와 함께 저희 집을 방문하여, 식사와 담소를 나눈 적이 있죠.

몸에서 일어나는 변화가 정신을 일깨웁니다. 몸의 발달이 정신의 발달입니다. 몸으로 소통하면 말도 저절로 소통됩니다. 몸의 상태가 정신의 상태를 설명합니다. 그 사람의 몸이 그 사람의 꿈을 나타냅니다. 몸은 삶의 비전이 기록된 비석입니다.

표정은 온화하고, 목소리는 밝고, 척추는 일직선으로 곧게 뻗었고, 어깨-가슴-엉덩이의 좌우가 정확히 대칭을 이루며 앞으로나 뒤로 기울거나 치우치지 않은, 온전한 균형을 이루고 있는 몸의 소유자는 대체로 건전한 가치관과 냉철한 시대인식의 소유자입니다. 어깨는 벌어지고, 가슴은 넓고, 허리는 날씬하고, 팔다리의 근육에 힘이 넘쳐 나는 사람은 자기가 도달해야 할 목표지점이 어디인지를 알고 있으며, 또한 실제로 그 길을 가고 있는 사람입니다. 왜냐하면 몸이 마음을 향해 "이쪽이야, 이쪽! 이쪽으로!"라는 신호를 계속 보내주고 있기 때문입니다.

반대로, 앞으로 굽었거나 뒤로 젖혀지거나 왼쪽 또는 오른쪽으로 기울어진, 가지런하게 정비되지 못한 몸은 비전을 왜곡시키거나 아예 포기하도록 유도합니다. 일그러진 몸은 언제나 마음을 향해 "넌 틀렸어! 생긴 대로 놀아! 그냥 살던 대로 살아!"라는 일그러진 메시지를 보냅니다. 그래서 마음을 보이지 않는 사슬로 묶어서 한 발짝도 나아갈 수 없게 합니다.

우리의 몸은 우리의 비전을 알려주는 이정표입니다. 우리에게는 몸에 나타난 만큼의 비전이 있습니다. 몸에 나타나지 않는, 머릿속에만 있는 비전이란 있을 수 없습니다. 생각으로 몸을 컨트롤할 수 있는 바로 그만큼, 몸으로 생각을 일깨울 수 있습니다. 좀 더 정확히 말하자면 생각으로 몸을 움직이는 것보다 몸으로 생각을 움직이는 것이 더 빠르고 확실합니다.

그렇기 때문에 꿈을 현실로 이루고자 하는 사람들에게는 토털 웰빙에 도달하기 위한 자기관리 전략, 즉 운동-휴식-식사를 하나의 프로그램으로 아우르는 체력경영 전략이 필요합니다. 기공, 요가, 스트레칭, 에어로빅, 체조, 등산, 달리기, 수영, 농구, 축구, 야구, 배구, 탁구, 테니스, 골프, 또는 보디빌딩, 그 어떤 것이든 자기에게 맞고 즐겁게 할 수 있는 종목을 선정해서 규칙적으로 운동을 하지 않는 사람은 꿈을 현실로 이루어낼 사람도 아니고 리더도 아닙니다.

마찬가지로, 휴식과 섭생에 관한 자기점검 및 도달하고자 하는 상태에 관한 기록된 전략 프로그램이 없는 사람은 공부에서든 일에서든 참된 의미의 성공을 기대하기 어려운 사람입니다.

유경민(1985~ )

평범한 학생이었던 유경민 군은 〈비전선언문〉의 대표적인 사례입니다. 중학교 2학년, 자신의 비전을 쓰기 시작한 이후 몇 달만에 전교 3등이라는 성적을 거두었고, 꿈을 이루기 위해 미국유학을 떠났습니다. 처음엔 '영어'라는 장벽에 부딪히기도 했지만, 좌절하지 않고 운동을 통해 친구들도 사귀며 어려움을 극복했습니다. 그후 공부에도 두각을 보이며 마침내 지덕체를 갖춘 우수한 학생으로 고등학교를 졸업하였으며, 현재 그는 더 멀리 날기 위한 준비를 하고 있습니다.

# Check in Your Dream!

_____년 _____월 _____일

나는
_____

나는
_____

나는
_____

나는
_____

나는
_____

나는
_____

나는
_____

나는
_____

나는
_____

나는
_____

나는
_____

나는
_____

나는
_____

나는
_____

몸에서 일어나는 변화가 정신을 일깨웁니다. 몸의 발달이 정신의 발달입니다.
몸으로 소통하면 말도 저절로 소통됩니다.
그 사람의 몸이 그 사람의 꿈을 나타냅니다. 몸은 삶의 비전이 기록된 비석입니다.

# 7.

## 실패라는
## 말은
## 거짓말이다

나는 몇 과목에서 낙제를 했다.
그러나 내 친구는 모든 과목을 패스했다.
지금 그 친구는 마이크로소프트의 엔지니어다.
나는 오너지만….
_ 빌 게이츠

# 실패로 안내하는
## 전략지도

• • • •

꿈을 이루지 못하는 것이 아니라
꿈이 없는 것이 실패다

곤충학자 장 앙리 파브르Jean Henri Fabre는 날벌레들의 생태를 주의 깊게 관찰하던 중 거기서 매우 중요한 사실을 발견했습니다. 날벌레들이 아무런 목적도 없이 무턱대고 앞에서 날고 있는 놈만 따라서 빙빙 난다는 것입니다. 즉, 앞에 있는 다른 벌레가 돌면 어떤 방향이나 목적지도 없이 그냥 무작정 따라서 도는 것입니다. 빙빙 돌고 있는 바로 밑에다 먹을 것을 가져다놓아도 거들떠보지도 않고 계속 돌기만 합니다. 이렇게 무턱대고 7일 동안이나 계속 돌던 날벌레들은, 결국에는 굶어서 죽어간다고 합니다.

저는 수년 전에 한 대학에서 삶의 비전에 관한 강의를 한 적이 있습니다. 강의 도중 제가 학생들을 모두 자리에서 일어서게 했습니다. 그런 후 "언제까지 어떤 사람이 되어서 어떤 일을 하고 있을 것이라는 구체적인 꿈이 있는 사람은 그대로 서있고, 그렇지 않은 사람은 앉으십시오!"라고 말했더니, 800여 명 가운데 200여 명은 그대로 서있고 600여 명은 앉아버렸습니다.

이어서 제가 서있는 200여 명을 향해 "당신들의 그 분명한 비전이 2040년에 이루어지는지, 2050년에 이루어지는지, 아니면 2060년에 이루어지는지, 그 비전이 이루어지는 때를 알고 있는 사람은 그대로 서있고, 그렇지 않은 사람은 앉으십시오!"라고 말했습니다. 그랬더니 다 앉아버리고 30여 명만 그대로 서있었습니다.

저는 그 30여 명을 향해 "자기의 비전과 그것이 이루어지는 시기, 그리고 그 비전을 이루기 위해 자신이 치러야 할 대가에 대해 기록을 해둔 사람은 그대로 서있고, 그렇지 않은 사람은 그 자리에 앉으십시오"라고 했습니다.
그랬더니 모두 앉고 단지 3명만이 그대로 서있었습니다.

자신의 비전을 글로 기록한 사람들, 뚜렷한 비전을 가지고 있는 사람들은 800명 가운데 3명, 단 3명뿐이었던 것이지요. 오직 그 3명만이 성공으로 가는 안내지도를 들여다보면서 성공 쪽으로 걸어가고 있었던 것입니다.

성공으로 인내하는 자기만의 전략지도가 없다는 것은
실패로 안내하는 지도를 보며 살아간다는 것과 같은 말이다.

지미르 말레비치Kazimir Malevich, 〈세 여인의 모습Three Woman Figures〉, 1930

나머지 797명은 모두 성공으로 가는 안내지도 없이 그냥 걸어가는 것이었고요.

성공으로 가는 안내지도가 없다는 것은 결국 실패 쪽으로 걸어가고 있다는 말과 같은 말이 아닐까요? 바로 굶어 죽은 날벌레의 모습이 아닐까요?

꿈을 품지 않는다는 것은 다시 말하면 실패를 꿈꾸는 것, 실패를 위한 계획을 세우는 것입니다.

그 후로도 여러 중학교와 고등학교 그리고 대학에서, 기업교육의 현장에서, 종교기관이나 사회단체에서, 한국뿐 아니라 미국·중국 등 여러 해외 도시에서 수많은 강의를 하면서 비슷한 방법으로 질문을 던져보았습니다. 청중들 가운데 대체로 약 3퍼센트의 사람들은 '글로 쓴 구체적인 비전'이 있다고 응답하지만, 97퍼센트의 사람들은 그런 것에 대해 생각은 해봤지만 기록해두지는 않았다고 대답하였습니다.

결국 어린 학생부터 성인까지 모두가, 거의 대부분의 사람들이 뚜렷한 목표나 목적이 없다는 이야기입니다. 다시 말하자면 학력이나 연령, 사회적 위치와 관계 없이 너무나 많은 이들이 파브르가 관찰했던 날벌레들처럼 맹목적으로 무리 가운데 섞인 채 빙빙 돌고 있는 상태인 것입니다. 너무나 많은 사람들이 실패를 꿈꾸며 실패로 가는 안내지도를 들여다보면서 걸어가고 있다는 것입니다.

미국 제33대 대통령 해리 트루먼Harry Truman은 "나는 스스로를 위대한 인물이라고는 생각하지 않지만, 위대해지고자 노력하는 동안만큼은 위대한 시간을 보냈다"라고 말한 바 있습니다.

비록 위대한 존재가 아니어도 위대한 꿈을 꾸고 있는 동안만큼은 위대한 시간을 보낼 수 있습니다. 꿈을 이루지 못하는 것은 실패가 아닙니다. 꿈이 없는 것이 실패입니다.

# Check in Your Dream!

_____ 년 _____ 월 _____ 일

나는 _____

나는 _____

나는 _____

나는 _____

나는 _____

나는 _____

나는 _____

나는 _____

나는 _____

나는 _____

나는 _____

나는 _____

나는 _____

나는 _____

나는 _____

우리는 비록 위대한 존재가 아니어도 위대한 꿈을 꾸고 있는 동안만큼은
위대한 시간은 보낼 수 있습니다. 꿈을 이루지 못하는 것은 실패가 아닙니다.
꿈이 없는 것이 실패입니다.

# 실패라는
# 말은
# 거짓말이다

● ● ●

끝까지 가고
한 발짝 더 간다

1942년이었습니다. 3명의 사나이가 베네수엘라의 강줄기에서 다이아몬드를 찾기 위해 여러 달을 보내고 있었습니다. 그들은 쉬지 않고 조약돌을 골라내며 다이아몬드를 찾는 데 열중했습니다. 하지만 다이아몬드는 그렇게 쉽사리 손에 쥐어지는 것이 아니었습니다. 어느새 그들의 옷은 남루해졌고 모자는 걸레조각처럼 되었습니다.

그러던 중 솔라노Solano라는 사나이가 너무 지쳐 실의에 빠졌습니다. 그는 말라붙은 강바닥에 있는 둥근 돌 위에 앉아서 2명의 동료에게 하소연했습니다.

"틀렸어. 더 이상 계속해도 소용없어. 이 조약돌을 보라구. 이건 내가 집은 99만 9,999개째 조약돌이야. 그런데도 지금까지 다이아몬드는 하나도 발견되지 않았잖아. 만약 내가 하나를 더 집으면 100만

개째란 말야. 하지만 그게 다 무슨 소용이람. 나는 단념하겠어."

이때 그들 중 한 친구가 무뚝뚝하게 말했습니다.

"쓸데없는 소리 말고, 어서 일이나 해. 100만 번째 조약돌이나 집으란 말이야!"

"좋아, 이게 마지막이야…."

솔라노는 이렇게 말하고 힘겹게 허리를 굽혀 100만 번째 조약돌을 집었습니다. 그런데 그가 마지막이라고 생각하고 집은 달걀만한 조약돌은 턱없이 무거웠습니다. 너무 이상해서 그 돌을 자세히 살펴보던 그의 눈은 소처럼 커졌습니다. 몇 달 동안 그렇게 고생을 하며 찾아 헤매던 다이아몬드가 바로 자기 손바닥 위에서 반짝반짝 빛을 내고 있는 게 아닙니까?

"야, 다이아몬드다! 다이아몬드!"

솔라노는 기쁨의 탄성을 질렀습니다. 그러나 한편으론 아찔한 생각이 들기도 했습니다.

'만일 내가 이 돌을 집지 않았다면 어떻게 되었을까?'

후일 그 다이아몬드는 뉴욕의 보석상에게 20만 달러에 팔렸습니다. 그것은 지금까지 발견된 다이아몬드 중 가장 크고 순도가 높은 것이었습니다.


"포기란 배추를 셀 때만 사용하는 단어"라는 말도 있듯이, 꿈을 이루는 데 있어서 최대의 적은 '포기'입니다. 자신의 꿈이 정말로 멋지고 가

절대, 절대, 절대 포기하지 마라.

윈스턴 처칠Winston Churchill (1874~1965), 영국 정치가

"포기를 해서는 안 되는 때가 두 가지 있다.
하나는 포기하고 싶을 때이고,
다른 하나는 포기하고 싶지 않을 때'라는 것이지요"

존 워터하우스John William Waterhouse,
〈장미꽃 봉오리를 꺾을 수 있을 때 꺾어두어요Gather Ye Rosebuds While Ye May〉, 1909

치로운 것이어서 기필고 현실로 만들겠다는 각오가 있다면 결코 포기를 해서는 안 됩니다.

특히 포기를 해서는 안 되는 때가 두 가지 있다고 합니다. "하나는 포기하고 싶을 때이고, 다른 하나는 포기하고 싶지 않을 때"라는 것이지요.

사실 "실패했다"라는 말은 거짓말인 경우가 많습니다. 왜냐하면 실제론 포기를 해놓고 실패를 했다고 말하기 때문입니다. 다시 도전하면 성공할 수도 있는데 다시 도전하기를 그만두기로 결심하고서는 "실패했다"고 말하는 것입니다. 그러니 세상엔 실패란 없는 것이고, 오직 포기만 있다고 볼 수도 있습니다.

100만 번을 시도했지만 성공을 못했다고 해도 한 번 더 시도하면 성공할 수도 있는데, 그 100만하고도 한 번째의 시도마저 반드시 성공하지 못하리라는 명백한 증거가 없는데, 그만두기로 작정해놓고선 사람들에게 실패했다고 하니까 결국 "실패했다"는 말은 거짓말인 것입니다.

꿈을 현실로 만들기 위해선 '끝까지 해보고 한 번 더 해보는' 치열함이 필요합니다. 1미터만 더 가보고, 1시간만 더 시도해보는 것이 완전히 다른 결과를 가져옵니다.

# Check in Your Dream!

_____년 _____월 _____일

나는 _____

나는 _____

나는 _____

나는 _____

나는 _____

나는 _____

나는 _____

나는 _____

나는 _____

나는 _____

나는 _____

나는 _____

나는 _____

나는 _____

나는 _____

> 사실 "실패했다"라는 말은 거짓말인 경우가 많습니다.
> 왜냐하면 실제론 포기를 해놓고 실패를 했다고 말하기 때문입니다.

# 생명의 예비군

• • •

비타민 처방처럼 최저필수량의
노력만 투약하는 사람들

1960년대, 베트남전쟁 당시 미군 병사 4명이 작은 지프 차를 타고 정글 속을 달리고 있었습니다. 차 한 대가 겨우 빠져나갈 만한 좁은 길을 어렵사리 가고 있는데, 갑자기 베트콩의 공격이 시작되었습니다.

병사들은 황급히 차에서 뛰어내려 일단 정글에 몸을 숨기고, 총소리가 잠잠해질 때까지 기다렸습니다. 이 상태로 계속 차를 타고 앞으로 가자니 적군을 만나게 될 것이 뻔하고, 그렇다고 차를 돌려 부대로 돌아가자니 길이 너무 좁아서 도저히 차를 돌릴 수가 없는 상황이었습니다.

한마디로 진퇴양난의 순간이었습니다.

잠시 후 베트콩의 총소리가 조금 멀어졌을 때쯤 4명의 병사는 누가 먼저랄 것도 없이 차로 냅다 달려가서 차의 네 귀퉁이를 잡고 번쩍 들어 올려 반대 방향으로 돌렸습니다. 도망칠 수 있는 방법은 그것뿐이었기 때문입니다. 그리고는 차에 올라탄 뒤도 안 돌아보고 달리기 시작했습니다. 그들에게는 1초라도 빨리 빠져나가야 한다는 생각밖에 없었습니다.

결국 무사히 부대로 돌아와 안도의 한숨을 내쉬던 그들은, 자신들이 어떻게 그 무거운 지프 차를 들 수 있었는지 의아했습니다. 시험 삼아 다시 한 번 차를 들어보았지만 차는 흔들거리기만 할 뿐 꿈적도 안 했습니다. 조금 전에는 번쩍 들어 올렸는데, 이게 어찌 된 일일까요?

인간은 누구나 엄청난 잠재력이 있습니다. 누구나 150억 개의 기억 세포를 가지고 있으며, 우리의 시신경줄 하나하나에는 80만 개의 섬유가 매달려있어 1억 3200만 건의 정보를 뇌로 전달할 수 있습니다. 우리의 눈은 빛의 에너지인 광양자光量子까지도 볼 수 있습니다. 그리고 우리의 허파에 있는 300만 개의 공기자루는 우리 몸에 있는 300조 개 이상의 세포에 산소를 공급합니다.

뿐만 아니라 우리가 지니고 있는 206개의 뼈와 656개의 근육은 지금까지 알려진 어떤 동물의 것보다도 기능적으로 다양한 능력을 발휘합니다.

우리의 손가락 피부는 훈련만 받으면 1만 분의 1센티미터밖에 안 되는 요철을 감지할 수 있으며, 엄마들은 아기 이마에 입술을 대보고 섭씨 1천 분의 4도밖에 안 되는 체온의 변화를 분간해낼 수 있고, 잘 훈련

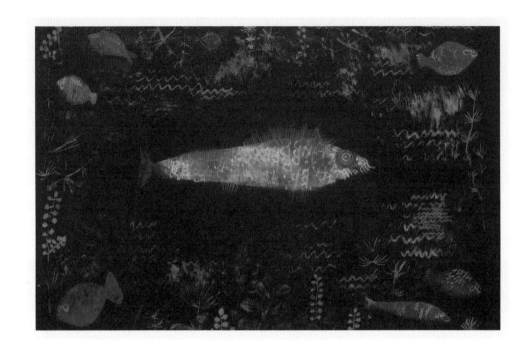

인간이란 참으로 위대한 기적이다!

조반니 피코 델라 미란돌라Giovanni Pico della Mirandola (1463~1494), 이탈리아 철학자

파울 클레PAUL KLEE, 〈황금 물고기The Goldfish〉, 1925

된 혀는 물 속에 200분의 1밖에 들어있지 않은 키니네의 쓴맛을 감별해낼 수 있다고 합니다.

이렇게 보면 모든 인간은 엄청난 잠재력을 지닌 존재, 즉 잠재력의 폭발물입니다. 비전의 빛이 비치는 순간 그 폭발물의 도화선에 불이 붙습니다. 그 불꽃이 뇌관에 닿기만 하면 엄청난 능력이 폭발하는 것입니다. 그러나 대부분의 사람들은 그 폭발물을 단 한 번도 폭발시켜보지 못하고 그냥 사그라지게 만듭니다.

우리에게는 보이지 않는 제2, 제3의 호흡, 즉 '생명의 예비군'이 있습니다. 생명의 예비군은 한번 동원되면 막강한 힘을 발휘합니다. 그러나 대부분의 사람들은 그 예비군을 동원하지 않습니다. 왜냐하면 그만한 힘을 써야 할 만큼 힘겨운 일을 해보려고 하지 않기 때문입니다. 그래서 자기 내부의 제2, 제3의 호흡이 있다는 것도 깨닫지 못합니다.

생명의 예비군, 즉 열정과 집념, 그리고 욕망이 합쳐져 편성된 그 군대는 잠재력을 계발시켜 평범해 보이는 사람도 믿을 수 없을 정도의 능력을 발휘하게 합니다. 그러나 사람들은 마치 비타민 처방을 받는 것처럼 '최저필수량의 노력만 투약하면서 살아가기 때문에 제2, 제3의 호흡까지 굳이 동원할 필요가 없었던 것입니다.


선거에서 당선되는 정치인들, 올림픽에서 금메달을 따는 선수들, 새로운 학술이론을 발표하여 노벨상을 받는 사람들, 그리고 영혼을 흔드는 예술작품을 만들어낸 사람들 중 대부분이 나름의 업적을 남길 수 있었던 것은 다름 아닌 제2, 제3의 호흡인 이 생명의 예비군을 총동원했기 때문이라고 볼 수 있습니다. 베트남전쟁 당시 자동차를 번쩍 들어 올려놓았던 군인들이야말로 바로 그 생명의 예비군을 가장 많이 동원하고 사용한 사람들이라고 볼 수 있습니다.

그러나 우리가 꿈을 상실했을 때, 뚜렷하고 구체적이고 절박한 시한이 부여된 목표를 잃어버렸을 때, 우리의 잠재적 능력인 생명의 예비군은 그냥 소멸되어버리고 맙니다. 그래서 상인은 돈을 벌지 못하고, 학생은 성적을 올리지 못하며, 운동 선수는 금메달을 놓치게 되는 것입니다. 그것은 마치 돈을 벌지 않기로, 성적을 올리지 않기로, 또는 금메달을 따지 않기로 결심한 것이나 다름없습니다. 너무나 안타까운 일입니다.

우리 영혼의 지극히 깊은 곳에서 울려오는 북소리, 저 이상의 세계, 비전의 세계로 나아가라고 하는 행군의 북소리에 귀를 기울일 때 우리는 생명의 예비군을 총동원할 수 있고, 엄청난 잠재력이라는 폭탄을 폭발시킬 수 있게 되는 것입니다.

# Check in Your Dream!

_____년 _____월 _____일

나는 _____

나는 _____

나는 _____

나는 _____

나는 _____

나는 _____

나는 _____

나는 _____

나는 _____

나는 _____

나는 _____

나는 _____

나는 _____

나는 _____

우리에게는 보이지 않는 제2, 제3의 호흡, 즉 '생명의 예비군'이 있습니다.
그러나 그 예비군은 좀처럼 동원되지 않습니다.

# 져도
## 괜찮은 사람을
## 멀리한다

● ● ● ●
"지기 싫어하는 사람 11명만 모아주시오.
우승팀을 만들겠소!"

미국 풋볼 역사상 가장 빛나는 업적을 남긴 노틀담 대학교의 풋볼 코치 뉴트 로크니Knute Rockne는 코치로 재직한 13년 동안 105승 5무 12패, 5년 연속 무패 행진, 누적 승률 0.881이라는 놀라운 기록을 남겼습니다.

열 번 싸우면 아홉 번 이기고, 5년 동안 한 번도 져본 적이 없다는 것은 말 그대로 전설입니다. 게임이 있으면 무조건 이기는 것만 알지 진다는 건 무언지, 어떻게 하면 질 수 있는지 도통 모르겠다는 말이기도 합니다. 그 어마어마한 전설적 인물이 이런 말을 남긴 적이 있습니다.

"나에게 지기 싫어하는 사람 11명만 모아주시오. 그러면 나는 반드시 우승팀을 만들어보일 것이오!"

용기란 계속할 수 있는 힘이 아니라
아무 힘이 없을 때에도 계속하는 것이다.

시어도어 루스벨트Theodore Roosevelt (1858~1919), 미국 제26대 대통령

에드바르트 뭉크Edvard Munch, 〈저녁. 멜랑콜리Evening. Melancholy〉, 1891

살다 보면 아주 중요한 일에서 정면승부를 벌이지 않으면 안 되는 경우가 있습니다. 그럴 때 흔히 "질 수도 있지 뭐. 괜찮아, 신경 쓰지 마"라는 충고를 듣곤 합니다. 그러나 이 얼마나 바보스러운 충고입니까? '져도 아무렇지 않은 사람'은 진 경험이 아주 많은 사람일 것입니다.

실제로 지더라도 신경 쓰지 않는 사람은 그만큼 가족이나 주위 사람들에게까지도 실패의 대가를 치르게 합니다. 이런 사람은 아마도 아무런 즐거움도 없이 초라한 집에서 살며, 고물 자동차를 타고, 사람들을 만나기 두려워하는 도피적인 생활을 하고 있을 것입니다.

여기서 말하고 싶은 것은 '져도 아무렇지 않은 사람'이란 '성공의 대가를 지불하려는 결의가 없는 무능력한 사람', 즉 '결코 성공할 수 없는 사람'이라는 것입니다. 그들에게는 승리를 쟁취하고자 하는 의지가 없습니다. 물론 진정한 승리자도 때에 따라서는 패배할 수도 있습니다. 하지만 그들은 패배를 독약처럼 혐오합니다. 그래서 마지막 순간에 승리하는 것입니다.

불가능해 보이는 꿈을 현실로 만드는 사람, 당초의 목적을 끝까지 포기하지 않고 달성하는 집념을 가진 사람, 현실에 안주하지 않고 내면에서 울리는 북소리에 따라 자신의 길을 걸어가는 사람, 그런 사람은 절대로 "져도 괜찮아, 신경 쓰지 마"라고 쉽게 말하지 않습니다.

져도 아무렇지 않은 사람, 승부근성이 없는 사람을 멀리 하십시오.

# Check in Your Dream!

_____ 년 _____ 월 _____ 일

나는 _____

나는 _____

나는 _____

나는 _____

나는 _____

나는 _____

나는 _____

나는 _____

나는 _____

나는 _____

나는 _____

나는 _____

나는 _____

나는 _____

*진정한 승리자도 때론 패배합니다.*
*그러나 그들은 패배를 독약처럼 혐오합니다.*
*그래서 마지막 순간에 승리하는 것입니다.*

# 삼진도
# 홈런의
# 한 부분이다

● ● ●

홈런의 반대말은
벤치런이다

물고기가 낚싯바늘에 걸리면 보통의 물고기는 도망치려고 낚시꾼이 있는 쪽과는 반대 방향으로 움직입니다. 그럴수록 낚싯바늘은 더욱 깊이 박힐 뿐입니다. 낚시꾼은 줄을 풀었다 당겼다 하면서 물고기가 지쳐서 쉽게 끌려올 때까지 그 게임을 즐깁니다.

그러나 영리한 물고기는 이 게임에 말려들지 않습니다. 영리한 물고기는 오히려 낚시꾼이 있는 쪽으로 빠르게 헤엄침으로써 줄을 팽팽하게 만들지 않게 하면서 낚싯바늘에서 벗어날 기회를 노립니다.

토머스 에디슨이 학교에서 퇴학당하자 그의 어머니는 아들을 다른 학교에 보내려 하거나 복학시키려고 하지 않았습니다. 오히려 영리한 물고기처럼 반대 방향으로 갔습니다. 홈스쿨링을 한 것입니다. 학교 수

업 대신 디트로이트 도서관의 책을 다 읽게 하고, 여러 가지 경험을 통해 학교에서 배울 수 없는 것까지도 배우게 했습니다. 에디슨이 계속 학교에 다녔더라면 아마도 위대한 발명가가 되지 못했을 것입니다. 공부 못한다는 구박만 듣는 괴상한 아이로 찍혔을 게 뻔합니다. 그래서 일반적인 삶조차 누리지 못했을 수도 있습니다. 결국 학교에서의 실패를 역이용한 것이 그를 위대한 발명가로 만들어준 것입니다.

음악대학을 졸업한 한 젊은이가 있었습니다. 그는 계속 음악 관련 활동을 하고 싶었지만 상황이 여의치 않아 일반 기업의 홍보과에서 일하게 되었습니다. 출근 첫날부터 그는 고민에 빠졌습니다. 평생 음악만 공부하고 그 재능만 갈고 닦아왔는데, 회사에서 맡은 일은 음악과는 아무 관련이 없는 일이기 때문이었습니다. 자신의 재능이 아깝기도 했고, 음악에 대한 미련을 버릴 수도 없었습니다. 게다가 이 회사에서 오래 머물면 머물수록 미래는 불투명해지고 결국 자신의 음악적 재능도 다 사라져버릴 것이 분명했습니다.

고민 끝에 그는 기왕에 다니게 된 회사를 '나에게 어울리는 내일'이 있는 곳으로 바꿔보기로 결심했습니다. 그래서 그는 곧 상사에게 회사 홍보 활동의 일환으로 악단을 만들자고 건의했습니다. 마침 회사는 한창 사세를 확장시켜가고 있었고, 소비자들과의 소통을 증진시켜 회사와 제품의 이미지를 업그레이드하고자 노력하는 중이었습니다. 그의 건의는 받아들여졌고, 그는 쾌재를 부르며 단원을 모집하고 연습실과

7. 실패라는 말은 거짓말이다

악기를 마련하여 연습을 시작했습니다.

그는 악단의 실력을 최고 수준으로 끌어올리기 위해 노력했습니다. 시간이 흐르면서 악단은 점차 틀이 갖춰졌고 연주 실력도 월등히 향상되었습니다. 2년이 지난 후에는 그 도시에서 가장 수준 높은 연주를 하는 악단으로 인정받을 정도가 되었습니다. 악단의 실력은 내로라하는 유명 오케스트라에 필적했고, 그는 그 지역 일대에서 가장 훌륭한 지휘자가 되었습니다.

그 젊은이는 회사 밖으로 나가는 대신 안쪽으로 더 깊숙이 들어간 것입니다. 도망가는 방향으로 헤엄치는 대신 낚시꾼 쪽으로 헤엄치며 실패를 성공으로 둔갑시킬 방도를 찾아낸 것입니다.

산은 높지 않아도 신선이 살면 명산이 되고, 집은 허술해도 명인이 살면 명소가 된다고 합니다.


실패는 성공의 한 부분입니다. 저도 대학 시절에 회계사 시험에 도전했으나 합격은 하지 못했습니다. 그러나 그 불합격은 저에게 커다란 자본이 되었습니다. 비록 회계사가 되지는 못했지만 회계학과에 인접해있는 과목들을 많이 공부한 셈이었으니까요.

당시에는 회계사 시험에서 떨어진 것 때문에 속상하고 부끄러웠지만, 어쩌면 저보다 더 큰 실패를 한 사람은 그런 도전을 하지 않은 사람들인지도 모르겠습니다. 왜냐하면 그들은 그만큼 집중적인 공부를 하지 않았기 때문입니다. 이처럼 '성공했다'의 반대말은 '실패했다'가 아니

나는 내 농구 경력에서 9천 개 이상의 골을 성공시키지 못했다.
나는 약 300개에 달하는 경기에서 졌다.
나는 승리를 위한 골 기회가 26번이나 주어졌을 때에도 넣지 못했다.
나는 내 인생에서 실패하고 실패하고 또 실패했다.
그리고 그것이 내가 성공한 이유다.

마이클 조던Michael Jordan (1963~ ), 미국 농구 선수

알렉상드르 카바넬Alexandre Cabanel, 〈'베니스의 상인' 중 명장면Portia - from The Merchant of Venice〉, 1881

고 '도전하지 않았다'인 것입니다.


저명한 경영학자 톰 피터스Tom Peters는 이렇게 말했습니다.

"우리에게는 훨씬 더 많은 실패가 필요하다. 또 우리에게는 보다 빠른 실패가 필요하다. 우리가 국민 총실패율을 높일 수 없다면 우리는 매우 어려운 상태에 있는 것이다."

톰 피터스의 말은 "아무도 실패하지 않는다면 새로운 돌파구는 생겨나지 않는다"는 뜻입니다.

세계적인 자동차 기업인 혼다의 창업자 혼다 소이치로本田宗一郎도 이렇게 말했습니다.

"내게 있어서 성공은 오직 되풀이되는 실패와 그것들에 대한 반성으로부터 시작되었다."

이렇듯 실패는 손해를 본 것도 아니고 부끄러운 것도 아닙니다. 다시 시작할 기회가 생긴 것입니다.

그러나 실제로는 실패를 하고 나면 후회막심해지고 수치심이 들며 의기소침해집니다. 뿐만 아니라 그러한 '작은 실패'를 '더 중요하고 더 큰 목표를 포기해버릴 핑계'로 삼기도 합니다. 실패를 했다는 것은 성공의 가능성을 높였다는 것과 같은 의미인데도 말입니다.

오히려 성공의 가능성이 그만큼 높아졌으니 과연 축하파티를 열만하지 않습니까? 실제로, 실패를 자축하고 기념하는 조촐한 의식을 거행하는 사람들도 있습니다. '실패의 날 기념파티'라면서 말이지요.

# Check in Your Dream!

_____년 _____월 _____일

나는
_____
나는
_____
나는
_____
나는
_____
나는
_____
나는
_____
나는
_____
나는
_____
나는
_____
나는
_____
나는
_____
나는
_____
나는
_____
나는
_____
나는
_____

삼진도 홈런의 한 부분이다. 홈런의 반대말은 삼진이 아니다. 벤치런이다.
고시에서 불합격은 실패가 아니다. 응시하지 않은 것이 실패다.

# 셈페르 파라투스
## — 언제나 준비되어있다

● ● ● ●

숨 쉬는 모든 순간에
오직 하나의 초점을 향한다

퀴리Marie Curie 부인은 우라늄에서 라듐radium(우라늄보다 훨씬 강한 방사능을 가진 원소)을 발견코자 하는 강한 집념과 투지를 보여준 바 있습니다. 그녀는 남편 피에르 퀴리Pierre Curie와 함께 라듐이 존재한다는 사실을 확신한 후, 4년이라는 긴 시간을 실험실에서 외로움과 싸워야 했습니다. 라듐을 분리시키기 위한 실험으로 일관한 4년은 비탄과 실망으로 얼룩진 세월이었습니다.

마흔여덟 번째 실험이 실패로 돌아간 후, 그녀의 남편은 절망에 사로잡혀 외쳤습니다.

"불가능해! 이건 불가능해! 아마 100년쯤 후에는 이 일이 이루어지겠지. 하지만 우리 당대에는 결코 성공하지 못할 거요!"

그러나 남편보다도 훨씬 더 강인한 집념의 소유자였던 퀴리 부인은 이렇게 대답했습니다.

"만약 이 실험이 성공하는 데 100년이 걸린다면 그건 참으로 애석한 일이에요. 그렇지만 전 목숨이 붙어있는 한 최후의 순간까지 오직 이 일에만 전념할 거예요!"

이토록 불꽃같은 집념으로 무장한 그녀에게 어느 날 밤 드디어 라듐의 비밀, 그 신비로운 운명의 빛이 다가왔습니다. 그날 그녀는 아이가 아파서 오후 내내 실험실을 비웠습니다. 그러다가 저녁 늦게 아이가 잠든 후 남편에게 말했습니다.

"우리 잠시 실험실로 가보죠"

남편 피에르가 고개를 끄떡였습니다. 그들 부부는 팔장을 끼고 실험실로 향했습니다.

남편이 실험실 문을 열었을 때, 그녀는 남편에게 소리쳤습니다.

"불을 켜지 마세요!"

그녀는 회심의 미소를 지으며 덧붙였습니다.

"당신, 라듐의 색깔이 아름다웠으면 좋겠다고 그랬었죠?"

실험실 안에서는 말로 표현할 수 없는 아름답고 푸르스름한 빛이 어둠 속에서 반짝이고 있었습니다. 그들은 불가사의할 정도로 가냘프고 은은한 라듐의 빛을 말없이 바라보았습니다. 라듐, 그들의 라듐을….

라틴어에 '셈페르 파라투스semper paratus'라는 말이 있습니다. 이 말은 '언제고 준비되어있는'이라는 뜻입니다. 또한, 미국 해안경비대의 군

피에르 보나르Pierre Bonnard, 〈대정원The Large Garden〉, 1895

눈을 뜨고 가능성을 보라.
눈을 감지 않는 한,
가능성은 결코 사라지지 않는다.

노먼 빈센트 필Norman Vincent Peale (1898~1993), 미국 작가

가 제목이며 모토이기도 합니다. 꿈을 현실로 만들기 위해선 언제 어디서든 어떤 대가라도 치를 마음의 준비를 하고 있어야 합니다. 셈페르 파라투스는 그 은은하고 푸르스름한 빛깔의 라듐을 찾아낸 마리 퀴리처럼 아주 작은 틈, 불과 얼마 되지 않는 자투리시간에도 오직 하나의 목표에 전념하는 태도를 의미합니다.

그날 퀴리 부부는 아이가 잠든 틈을 타 산책을 할 수도 있었고, 지친 몸을 돌보는 시간을 가질 수도 있었습니다. 이웃을 방문할 수도 있었고, 친구에게 편지를 쓸 수도 있었을 것입니다. 그러나 그들은 그렇게 하지 않았습니다. 그들은 실험 이외의 것은 하지 않았습니다. 그들은 언제라도 실험을 할 준비가 되어있었습니다. 그리고 실험을 했습니다.

이렇게 틈만 나면 모색하고 궁리하며, 기회만 있으면 도전하고 또 도전하며, 한두 번 도전해서 안 되면 열 번 스무 번 도전하고, 혼자 하기가 어려우면 팀을 이루어 다시 시작하고, 낮에 시도해서 안 되면 밤에 다시 시도한다는 마음의 준비 태세인 셈페르 파라투스, 그것만 있다면 '실패'라는 말은 사전에서 삭제해도 무방한 말입니다.

마리 퀴리(과학자, 1867~1934), 피에르 퀴리(과학자, 1859~1906)

퀴리 부부의 유해는 프랑스의 팡테옹 국립묘지에 안치되었습니다. 팡테옹은 프랑스의 국가적인 위인들만 묻힐 수 있는 곳으로, 마리 퀴리는 자신이 이룬 업적으로 이 묘지에 묻힌 최초의 여성입니다. 마리 퀴리는 가정 형편이 넉넉하지 못했는데도 오로지 공부하겠다는 일념 하나로 가정교사로 일하며 꿈을 키워나갑니다.

소르본 대학교에서 여성으로서는 처음으로 물리학 박사학위를 받은 그녀는 그곳에서 피에르 퀴리를 만납니다. 1895년 결혼한 두 사람은 조국과 인류, 그리고 과학을 사랑하는 마음으로 연구에 매진했습니다. 비가 새는 실험실에서 밤낮없이 연구에 몰두했던 퀴리 부부는 순수한 라듐을 분리해낸 공로를 인정받아 1903년 노벨 물리학상을 받았습니다. 마리 퀴리의 과학에 대한 열정은 남편인 피에르가 죽고 나서도 계속되었습니다. 남편을 잃은 슬픔 속에서 마리 퀴리는 연구를 계속했고, 1911년 노벨 화학상을 받게 됩니다. 퀴리 부부의 업적은 현대 물리학·화학뿐만 아니라 의학에까지 지대한 영향을 끼쳤습니다.

# Check in Your Dream!

_____년 _____월 _____일

나는 _____

나는 _____

나는 _____

나는 _____

나는 _____

나는 _____

나는 _____

나는 _____

나는 _____

나는 _____

나는 _____

나는 _____

나는 _____

나는 _____

나는 _____

_셈페르 파라투스,_
_그것만 있다면 '실패'라는 말은_
_사전에서 삭제해도 무방한 말입니다._

# 책임을 지는
# 연습

● ● ●

삼진을 먹었으면
천 번의 타격 연습을 한다

아무리 가치롭고 멋진 꿈을 품고 있는 사람이라도 때로는 최악의 선택이라는 실수를 범할 수도 있습니다. 시간이 부족해서, 미리 수집해야 했던 정보를 다 수집하지 못해서 실수를 하는 경우도 있습니다. 여러 가지 문제가 너무 복잡하게 얽혀있어서 중요한 것을 생각하지 못하고 빗나간 행동을 하는 경우도 있습니다.

실수를 했을 때는 반드시 정직하게 그 실수를 인정해야 합니다. 일단 잘못을 인정한 다음에는 그 결과도 받아들여야 합니다. 그러나 실수는 결코 끝장을 의미하지 않습니다. 실패가 성공을 위한 자본이 되기도 하고, 잘못된 선택으로부터 교훈을 얻는다면 오히려 전화위복이 될 수도 있습니다.

"앞으론 돈에 대한 생각을 바꿀 거야. 내가 원하는 것을 사고도 남을 만큼의 돈이 모인 후에 비로소 내가 원하는 것을 살 거야. 그렇지 않으면 절대 아무것도 사지 않을 거야"라고 다짐을 한다면 실수가 오히려 큰 재산이 될 수 있습니다.

그러나 같은 실수를 반복한다면 희망이 없습니다. 그것은 더 큰 목적을 포기하는 단초가 될 수 있습니다.

같은 실수를 반복하지 않으려면 어떻게 해야 할까요? 실수에 대해 책임을 지는 연습을 해야 합니다. 그렇다면 책임을 진다는 것은 무엇을 어떻게 하는 것일까요?

당신이 만약 야구 선수라면, 몸을 구부리고 방망이를 다부지게 당겨 잡고 타석에서 투수를 응시할 때, 공이 이미 투수의 손을 떠나 당신을 향해 날아오고 있다면 당신은 이제 타석을 벗어날 수도, 누군가로 하여금 당신을 대신하여 타격을 하게 할 수도 없습니다. 너무 늦은 겁니다. 즉, 당신에게는 스윙을 할 책임이 있습니다.

당신이 야구 선수라는 선택을 했다는 것은 야구 팀 멤버로서의 책임을 수락한 것입니다. 당신은 정해진 유니폼을 입고, 연습에 빠지지 않으며, 코치의 말을 잘 따르고, 시합 땐 정시에 나오고, 스포츠맨십을 발휘하여 팀을 승리로 이끌기 위해 최선의 노력을 다할 것에 동의한 것입니다. 팀에서의 역할에 따라 당신에게는 또 다른 책임이 주어지기도 합니다. 만약 당신이 팀의 주장이라면, 한 사람의 선수로서의 책임을 져야 할 뿐만 아니라 팀의 모든 활동과 성적에 대해서도 책임을 져야 합

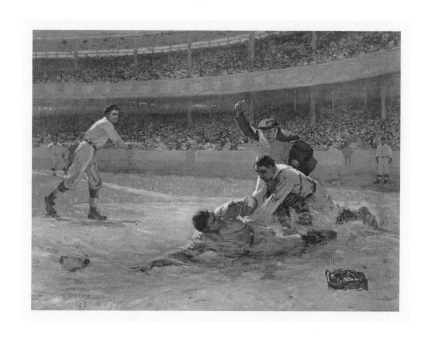

혁신을 시도하다 보면 실수를 할 때가 있다.
중요한 것은 실수를 안하는 것이 아니라
빨리 실수를 인정하고,
당신의 다른 혁신들을 끊임없이 개선해나가는 것이다.

스티브 잡스Steve Jobs (1955~2011), 미국 기업가 겸 '애플'의 창업자

찰리 플레처Fletcher Charles, 〈홈에서 아웃Out at home〉, 1905

니다.

책임을 진다는 말에는 '어긋남이 없기 때문에 믿을 수 있고(reliability)', 따라서 '무언가에 의존할 수 있게 한다(dependability)'는 뜻이 담겨있습니다.

팀 동료나 코치는 팀에 필요한 어떤 부분, 예를 들면 1루수 역할과 6번 타자 역할을 당신이 해줄 수 있을 거라고 여깁니다. 물론 어떤 날에는 당신의 컨디션이 나쁠 수도 있고, 실수를 할 때도 있겠지만 동료들은 당신이 의도적으로 팀을 해롭게 하지는 않으리라 여깁니다. 살다보면 왠지 연습을 하기가 싫은 날도 있고, 다른 볼 일이 생기는 날도 있습니다. 그런 날에도 무조건 그 일을 포기하고 어김없이 연습에 나올 것이라는 팀의 기대에 부응해야 합니다. 그것이 책임을 지는 것입니다.

당신이 삼진아웃을 당했다고 해서 투수, 방망이, 타격코치, 팀 동료, 또는 불운을 탓하는 것은 책임을 지는 것이 아닙니다. 그 대신 '다음엔 좀 더 잘하겠다!'는 결의 아래 백 번이고 천 번이고 참을성 있게(perseverance) 공을 노려보며 스윙 연습을 해대는 것이 바로 책임을 지는 것입니다. 그런 연습의 결과가 안타로 나타날지 홈런으로 나타날지는 모르겠지만, 당신은 마음속으로 "열 번 찍어 안 넘어가는 나무는 없다!"라는 속담을 중얼거리면서 한사코 연습을 해야 합니다. 그래야 6번 타자로서의 책임을 다하는 것입니다.

이렇듯 철저하게 책임을 되새기는 과정 없이 그냥 "내 잘못은 내가 책임진다"라고 말하는 것은 아무런 의미가 없습니다. 또한 "내가 잘못했으니까 나는 팀에서 물러나겠다"고 말하는 것도 책임을 제대로 지는 것이 아닙니다. 연습 부족이라는 실수의 원인을 확인하고, 그 부분을 보완하기 위해 한사코 타격 연습을 해대는 것, 어떤 모자랐던 부분을 채우기 위해 자기가 시도할 수 있는 모든 일을 다 해보는 것, 그것이 책임을 지는 것입니다.

한 가지 일에 대해 제대로 책임을 지는 과정을 겪어본 사람은 다른 모든 일에서도 실수를 하지 않게 됩니다. 그러니 실수를 했을 때는 책임을 되새기는 연습을 해야 합니다.

# Check in Your Dream!

_____년 _____월 _____일

나는
_____

나는
_____

나는
_____

나는
_____

나는
_____

나는
_____

나는
_____

나는
_____

나는
_____

나는
_____

나는
_____

나는
_____

나는
_____

나는
_____

당신이 4번 타자라면, 그런데 삼진을 당했다면 팀에서 물러나는 것은
책임을 제대로 지는 것이 아닙니다. 오히려, 백 번이고 천 번이고 참을성 있게
공을 노려보며 스윙 연습을 해대는 것이 바로 책임을 지는 것입니다.

# 나의 리더는 나,
## 내 꿈은 내가 이룬다

제2차 세계대전 당시 오스트리아의 심리학자 빅터 프랭클Viktor Frankl은 나치 친위대(Schutzstaffel, SS)에게 체포되어 처음에는 아우슈비츠 수용소에, 그 직후에는 다하우 수용소에 이동되어 갇혔습니다. 아내와 부모는 이미 나치의 손에 살해된 상태였고, 그의 목숨 역시 나치의 손에 달려있었습니다.

프랭클은 참을 수 없을 만큼의 모욕을 수없이 당했으며, 나치는 그야말로 찰거머리 같이 그의 행동 하나하나를 감시했습니다. 프랭클을 비롯한 아우슈비츠의 수용자들은 매일 보초가 일어나라고 하면 일어났고, 앉으라는 지시가 있어야만 다시 앉을 수 있었습니다. 일하라면 일하고, 먹으라는 지시를 받아야 먹을 수 있었습니다. 물론 자라는 지시가 없으면 잘 수도 없었습니다. 말하자면 죽으라면 죽고, 살라면 살아야 하는 그야말로 꼼짝달싹할 수가 없는 그런 생활이었습니다.

그러나 프랭클은 그런 최악의 상황에서도 나치들의 통제가 미치지 않는 곳이 딱 하나 있다는 사실을 발견했습니다. 바로 "지금 내가 겪고 있는 일을 어떻게 받아들일 것인가?" 하는 자신의 태도만은 나치도 어쩌지 못한다는 것을 깨달은 것입니다. 자기에게 일어나고 있는 일을 "어떻게 해석하고, 또 이것에 어떻게 대응할 것이냐?" 하는 자기 내부의 결정은 나치도 통제하거나 간섭할 수 없는 문제라는 걸 발견한 것입니다. 주변 상황이 어떻든 간에 어떠한 결정을 내리고 그에 따라 움직이는 것은 어느 누구도 아닌 바로 자기 자신이라는 것을 알아낸 것입니다.

프랭클은 지금 겪고 있는 고초가 아무런 의미도 없는 것이라고 느낀다면 자신은 며칠 못 가서 미처 죽을 것이라는 걸 깨달았습니다. 생각이 거기에 이르자 프랭클은 아주 중요한 결정을 내렸습니다. 자신은 그곳에서 끝까지 살아남기로, 어떻게든 살아남아서 자신이 발견한 것을 세상에 널리 알리기로 결심했습니다. 그리고 마침내 연합군에 의해 수용소가 해방되면서 살아남아 《삶의 의미를 찾아서 *Trotzdem Ja Zum Leben Sagen*》라는 책을 세상에 내놓아 그 소중한 발견을 많은 사람들과 나누었습니다.

세상이 우리에게 요구하는 것은 우리가 꿈꾸는 것이 아닐 때가 더 많습니다. 또 아무리 노력을 많이 해도 세상이 호락호락 꿈꾸는 대로 바뀌지도 않습니다. 그러나 우리와 세상 사이에서 일어나는 모든 일의 의미는 세상이 결정하는 것이 아니라, 우리 자신이 결정하는 것입니다.

뉴스는 뉴스일 뿐이지, '좋은 뉴스'도 '나쁜 뉴스'도 따로 없습니다. 뉴스가 좋은지 나쁜지는 우리 자신이 그 뉴스를 어떻게 해석하느냐에 따라 달라집니다. 즉, 세상을 어떤 태도로 어떻게 해석하느냐의 문제인 것입니다.

세상의 틀이 견고하기는 하지만, 내가 변하면 세상도 따라서 변합니다. 내가 꿈꾸는 대로 세상이 변하는 것입니다.

한편, 내가 아무리 내 행동을 변화시켜 세상에 영향을 주고자 해도 세상이 끄떡도 하지 않을 수도 있습니다. 그럴 때는 새로운 눈으로 세상을 재해석하고, 새롭게 해석된 세상 속에서 내 꿈을 이루는 데 유리하고 긍정적인 기회를 찾고자 노력해야 합니다. 그렇게 결정하는 것 또한 나 자신입니다.

나를 행복하게 하거나 불행하게 하는 요소, 나의 꿈을 이루는 데 결정적이고 최종적인 영향을 미치는 요소는 바로 나 자신입니다.

할 수 있다고 믿는 사람은 그렇게 되고
할 수 없다고 믿는 사람 역시 그렇게 된다.

샤를 드 골Charles De Gaulle (1890~1970), 프랑스 대통령

앙리 루소Henri Rousseau, 〈에펠탑The Eiffel Tower〉, 1898

나의 꿈을 향해 나를 이끌어가는 사람은 바로 나 자신입니다.

꿈을 이룬다는 것은 지금 여기 있는 나를 나의 힘으로 나의 목적지까지 나의 시간표대로 이끌어가는 것입니다. 나의 꿈을 이루도록 이끌어주는 유일한 리더는 바로 나 자신입니다.

빅터 프랭클(심리학자, 1905~1997)

《삶의 의미를 찾아서Trotzdem Ja Zum Leben Sagen》의 저자로 잘 알려진 빅터 프랭클은 아우슈비츠에서 살아남은 심리학자이자 정신과 의사입니다. 그의 책은 "삶의 이유를 가진 사람은 어떤 상황에서도 버틸 수 있지만, 삶의 이유를 상실한 사람은 바로 무너져버린다"는 깨달음을 전달하고 있습니다. 그 자신도 지옥과 같은 수용소에서 학자로서의, 의사로서의 소명을 잃지 않았기 때문에 살아남을 수 있었다고 고백합니다. 그는 일생동안 미래에 대한 희망을 역설하면서 '의미치료(logotherapy)'를 통해 수많은 사람들에게 삶의 의미를 찾아주는 데 평생을 바쳤습니다.

# Check in Your Dream!

_____년 _____월 _____일

나는 _____

나는 _____

나는 _____

나는 _____

나는 _____

나는 _____

나는 _____

나는 _____

나는 _____

나는 _____

나는 _____

나는 _____

나는 _____

나는 _____

나는 _____

나를 행복하게 하거나 불행하게 하는 요소,
나의 꿈을 이루는 데 결정적이고 최종적인 영향을 미치는 요소,
나의 리더는 바로 나 자신입니다.

# 꿈이 있으면 행복합니다

　꿈이 있으면 행복합니다. 꿈은 영혼의 산소입니다. 꿈은 현재의 우리를 미래로 건너가게 하는 다리입니다. 우리에게 건너오라고 손짓을 보내주는 신호입니다. 꿈이란 먼 훗날 그것이 이루어진 다음에 행복하게 해주는 것이 아니라 꿈이 있어서 지금 이 순간에 행복하게 하는 것입니다.

　그러나 꿈을 그냥 머릿속에만 그린다면 그건 꿈이 아니고 별입니다. 너무 멀리 떨어져있어서 그냥 멀뚱히 쳐다보기만 하는 별, 그런 별 같은 것이 바로 꿈입니다. 별은 너무 멀어서 만져볼 수도 없고, 무슨 장식을 달아줄 수도 없고, 색깔을 칠해볼 수도 없습니다. 그래서 꿈에 관한 이야기는 언제나 '별나라 이야기'로만 남습니다.

　그러나 그런 별나라 이야기 같은 존재, 꿈이라는 것에다가 어떤 날짜를 하나 보태면—그게 언제까지다 하는 날짜, 마감 기일, 최종달성기한을 덧붙여놓으면, 다시 말해 '데드라인이 있는 꿈(Dream with Deadline)'은 더 이상 꿈이라 불리지 않습니다. 그때부턴 '비전'이라고 불립니다.

　여기서 특히, 즉 데드라인Deadline이라는 말이 중요합니다. 그때까지 안 하면 죽는다, 죽고 말겠다는 뜻이 포함되어있기 때문입니다. 다시 말해 목숨을 걸고 여하한 희생과 대가를 지불하고서라도 그날까지는 반드시 완수하고 말겠다는 결의가 포함되어있는 것입니다. 어떠한 대가라도 치루겠다는 결의 말입니다.

비전은 우리를 올바른 방향, 삶의 궁극적인 목표지점으로 나아갈 수 있도록 이끌어줍니다. 비전은 우리 안에 있는 모든 잠재적 능력들을 남김없이 다 발휘할 수 있도록 동기를 부여합니다. 그래서 보지 못하던 것을 보게 하고, 듣지 못하던 것을 듣게 하며, 불가능한 것을 가능케 합니다. 비전이 생기면 게으르던 사람이 부지런해지고, 우유부단하던 사람이 결단력이 생기고, 무기력하던 사람이 활력이 넘치게 됩니다. 비전은 누가 시키거나 이끌어주지 않아도 스스로 자기를 자기의 목표지점으로 이끌어가게 합니다. 꿈을 현실이 되게 합니다.

그러나 아무리 가슴 뛰는 비전을 가지고 있다 해도 그것을 글로 구체적으로 기록하지 않으면 역시 물거품이 되고 맙니다. 경민이를 비롯해 이 책에 소개된 수많은 스토리의 주인공들, 꿈을 현실로 만든 사람들의 단 한 가지 공통점은 그들이 모두 '글로 쓴 구체적인 비전'의 소유자들이었다는 것입니다.

이 책을 읽으신 모든 분들이 글로 쓴 구체적인 비전으로 꿈을 현실로 만든 전설적 스토리의 주인공이 되시기를 소망합니다.

아들아 ✈
머뭇거리기에는
인생이 너무 짧다
에센셜

2018년 5월 11일 1판 1쇄 박음
2018년 5월 18일 1판 1쇄 펴냄

**지은이** 강헌구
**펴낸이** 김철종

**편집** 배빛나  **디자인** 한언 디자인팀  **마케팅** 오영일
**인쇄제작** 정민문화사

**펴낸곳** 한언
**출판등록** 1983년 9월 30일 제1 - 128호
**주소** 110 - 310 서울시 종로구 삼일대로 453(경운동) KAFFE빌딩 2층
**전화번호** 02)701 - 6911  **팩스번호** 02)701 - 4449
**전자우편** haneon@haneon.com  **홈페이지** www.haneon.com

ISBN 978-89-5596-836-1   04190
    978-89-5596-757-9   04190(세트)

* 이 책은 저자의 베스트셀러《아들아, 머뭇거리기에는 인생이 너무 짧다》의 국제 개정판입니다.
* 이 책의 무단전재 및 복제를 금합니다.
* 책값은 뒤표지에 표시되어있습니다.
* 잘못 만들어진 책은 구입하신 서점에서 바꾸어 드립니다.

이 도서의 국립중앙도서관 출판예정도서목록(CIP)은 서지정보유통지원시스템 홈페이지
(http://seoji.nl.go.kr)와 국가자료공동목록시스템(http://www.nl.go.kr/kolisnet)에서
이용하실 수 있습니다.(CIP제어번호: CIP2018003653)

**Our Mission** – 우리는 새로운 지식을 창출, 전파하여 전 인류가 이를 공유케 함으로써 인류 문화의 발전과 행복에 이바지한다.

– 우리는 끊임없이 학습하는 조직으로서 자신과 조직의 발전을 위해 쉼 없이 노력하며, 궁극적으로는 세계적 콘텐츠 그룹을 지향한다.

– 우리는 정신적, 물질적으로 최고 수준의 복지를 실현하기 위해 노력 하며, 명실공히 초일류 사원들의 집합체로서 부끄럼 없이 행동한다.

**Our Vision** 한언은 콘텐츠 기업의 선도적 성공 모델이 된다.

저희 한언인들은 위와 같은 사명을 항상 가슴속에 간직하고 좋은 책을 만들기 위해 최선을 다하고 있습니다. 독자 여러분의 아낌없는 충고와 격려를 부탁드립니다.

• 한언 가족 •

## HanEon's Mission statement

**Our Mission** – We create and broadcast new knowledge for the advancement and happiness of the whole human race.

– We do our best to improve ourselves and the organization, with the ultimate goal of striving to be the best content group in the world.

– We try to realize the highest quality of welfare system in both mental and physical ways and we behave in a manner that reflects our mission as proud members of HanEon Community.

**Our Vision** HanEon will be the leading Success Model of the content group.